学んで、食べて、強くなろう！

ジュニアのためのスポーツ栄養

管理栄養士
公認スポーツ栄養士　柴田 麗

Contents

本書について

- 本書においてジュニアとは、小学4年生～中学生を指します。
- 1、2章の中で紹介している献立や補食などは、選び方や組み合わせの参考にしてください。
- 3章の中で紹介している献立は12～14歳でスポーツ活動を週4日している男子が食べるごはんとして考えました。年齢や成長段階、体格、練習内容によって違ってきます。子どもに合わせて食べる量、バランスを調整してください。
- 3章で使用している小さじ1は5㎖、大さじ1は15㎖、1カップは200㎖です。

日本中のスポーツ好きなみんなへ

こんにちは。はじめまして。

この本を手に取ってくれてありがとうございます。とても嬉しいです。

私の主な仕事は、スポーツの現場でアスリートやスポーツを頑張る子どもたち、また健康のために運動をしている方々の食にまつわるすべてをサポートすることです。「スポーツと栄養」を通して、みなさんの目標達成に貢献することが最大のミッションです。

今までたくさんのアスリートやプロのアスリートを目指す子どもたち、指導者、保護者のみなさんと一緒にスポーツと食事について話をする機会に恵まれました。

中学生から時間を一緒に過ごした日本を代表するアスリートは、「栄養の基本はたたき込まれているので大丈夫」と言い、世界中のどこでも食事については困っていないようです。子どものときから自分のカラダに意識を向けて、ごはんを食べて、毎日の練習をする。この基本の繰り返しが、どれほどみんなの可能性を広げていくのだろうなと思います。

質問や悩みを聴きながら一緒に考え課題を解決していくと、「こういうことは早いうちから知っておきたかった」と言われることが多くあります。しかし、忙しい日々を送る今は「知る機会」をつくることが難しいと感じます。そこで、いつでも自分が気の向いたときに、「知る機会」をつくれるのは本ではないかと思うようになりました。たくさんのみなさんの協力で、サポート現場で大切だったことをまとめました。これがあれば「ごはんのたいていのことは解決する」という、お守りBOOKのような存在になれれば嬉しいです。

この本は、1章で栄養の基礎知識、2章ではその知識を状況に応じて活用するスキル、3章では実際の食事献立という組み立てです。まずは、自分の一番興味のあるページから見ても十分に役立ち、楽しめる内容になっています。

忘れてはいけないことは、スポーツも食事も楽しいものであることです。いつも変わらず願うのは、子どもたちが大好きなスポーツを続けられる環境に、日本中、世界中がなることです。

健康で元気なカラダとともに、みんなでスポーツを楽しみましょう！

柴田　麗

目標を立ててみましょう！

世界で活躍するアスリートに共通していることは、継続する力だと思います。最初は「さすがトップアスリート」とただ尊敬していましたが、サポートを続けているうちに、どうやらその力の源は明確な「目標」があることだと思うようになりました。

「目標を明確にする」
これは、私たちでもまねできそうですね。目標を書いてみましょう。将来の夢を具体的にイメージして書きとめることで実現しやすくなります。「できるだけ具体的に書く」のがポイントです。

①「なりたい自分」をえがく

② なりたい自分に近づくための目の前の目標を決める

③ 目の前の目標を達成するための課題を見つける

難しく考えず、ただ書き出すだけでOK。指導者・保護者の方、友達、学校の先生、みんなのことをよく知っている人に相談するのもいいですね。

例 1
① 5年後プロ野球選手になりたい。
② プロ野球選手になるために体重を○kg増やしたい。
③ 体重を増やすためにごはんの量を毎食少しずつ増やす。

例 2
① 来年の運動会のかけっこで1番になりたい。
② 運動会まで毎日30分走る練習をする。
③ 毎日練習するために体調を崩さないようにバランスよく食べる。

1人1人の目標に合わせて食べること
何のために、何を食べるのか、いつ食べるのか。そしてどれだけ食べるのか。これは、スポーツをしているみんなにとって、とても大切なことなのです。

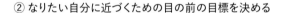

1章

基礎編

栄養の基礎とカラダの関係を知ろう

なぜ、どうして食べるのかなど
大切な栄養の基礎と、
栄養素をとることと
カラダの関係を
しっかりとまとめました。
スポーツをしているジュニアに
知ってほしい知識が、
ここに詰まっています。

元気にスポーツをするために

アスリートも健康のために考えて食べている

アスリートは目標を達成するため、自分が心身ともにより良い状態（健康）でいることを日々心がけています。年間を通して強度が高いトレーニングや緊張感のある試合、長距離移動などのストレスや環境変化がある中、良い状態を保つことは簡単なことではありません。自分の状態を把握し、様々な工夫（調整）をしています。計画的なトレーニング、カラダのケアや睡眠に加えて、自分にとって必要な栄養素を考えて食べることもその1つです。

日々良い状態でいることは、高いパフォーマンスを発揮し、目標を達成するために大切なことです。

自分の状態やカラダの特徴、仕組みを知る

目標は見つかりましたか？ 目標を決めたら「目標をたててみましょう！」（6ページ）に書き込みます。それから自分の状態を把握します。身長や体重、体調、体温、尿や便の様子など様々な方法で把握することができます。

そしてカラダの特徴やしくみを知り、スポーツと栄養の関係について学び、その知識を日常生活に活用できるように工夫（調整）をしていきましょう。

アスリートもスポーツジュニアもパフォーマンスを発揮するためには健康なカラダづくりが土台になっているのです。

カラダは毎日入れかわっている

みなさんのカラダの中には、生まれたときのカラダの骨がどのくらい残っていると思いますか？　実は、まったく残っていません。

骨は2～3年に1回、すべて入れかわるといわれています。そのため、12歳の人は6回程度、すべての骨が入れかわっています。筋肉は部位によって異なりますが約3か月、血液は約4か月に1回程度すべてが入れかわっているといわれています。この入れかわるための材料が、食事からとる「栄養素」です。これは〝代謝〟と呼ばれ、食べ物に含まれている栄養素を分解し、カラダの構成成分に合成したりするなどの過程をさしています。私たちのカラダは様々な成分から成り立っていて、カラダを正常に機能させているのも食事からとれる栄養素なのです。

この一連のカラダの働きから、〝私たちのカラダは食べたものでつくられる〟ということがわかります。

まとめ

カラダは毎日入れかわり、材料は食事からとる栄養素

カラダは毎日入れかわる

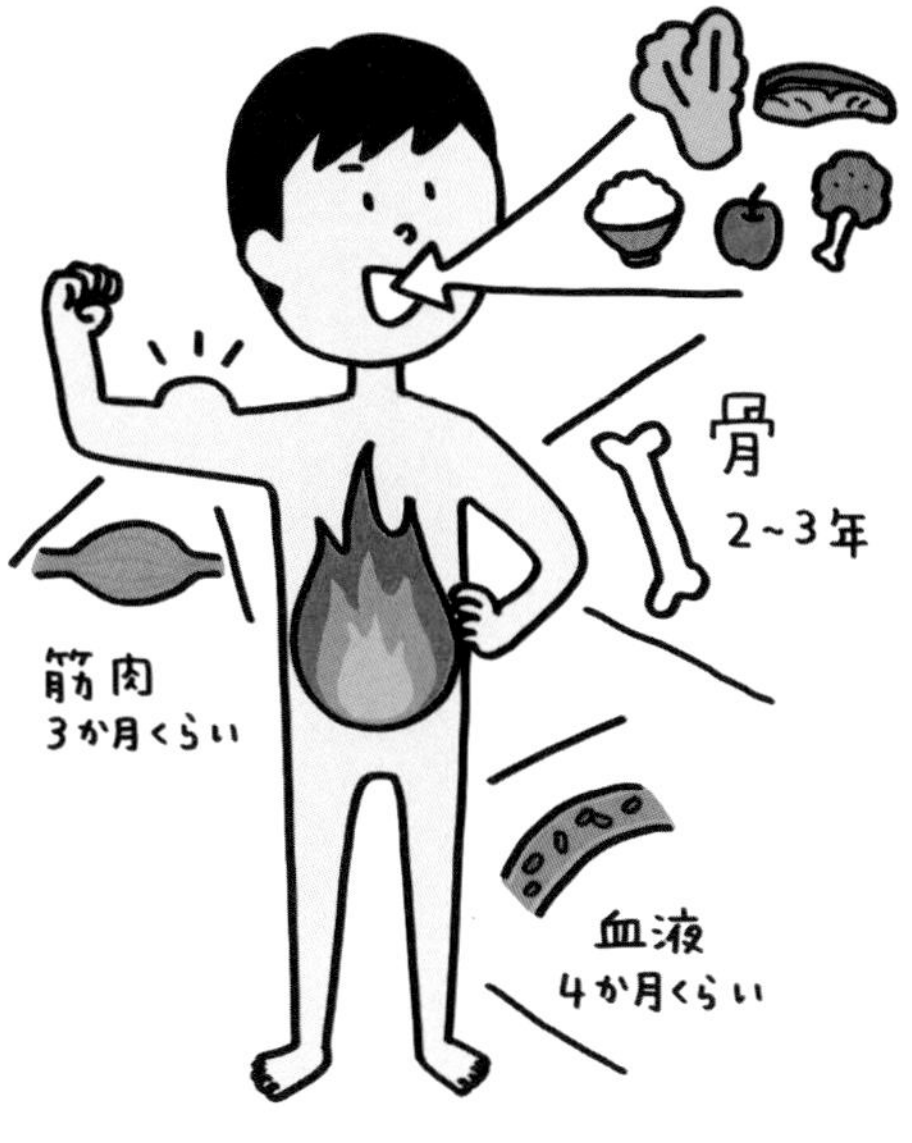

カラダの特徴を知ろう

小・中学生のカラダは成長期

小・中学生のカラダは、〝成長期〟というカラダが大きくなる時期です。

私たちは、一生に2回急激に大きくなる時期があります。1回目は、0歳の赤ちゃんから4歳になるまでの間。2回目は9〜15歳ごろまでの間で、小学校高学年から中学生の時期です。この時期のことを第2発育《だいにはついく》急進期《きゅうしんき》と呼び、成長期といわれることもあります（下図）。

成長期は男子と女子、さらには個人によって差があります。1回目も2回目も、身長の伸びと体重の増加が急激に見られることが特徴の1つです。この成長のためには、多くのエネルギー量や大きくなるカラダの構成成分となる栄養素も必要です。そのため成長期に食事量を十分とることは、〝成長のため〟のエネルギー量や栄養素を確保するのに大切なのです。

小・中学生のカラダは成長期

スポーツをするためには栄養が必要

スポーツなど、カラダをたくさん動かすときは、私たちはカラダの中にある栄養素を使っています（左図）。

走る、投げる、蹴るなどすべての動作や、脳を働かせる(考える)ためにエネルギー源を使います。例えば、筋肉は運動により刺激を受けるため、分解されます。またカラダをめぐる血流が速くなることにより、血液の成分が壊れる速さも運動をしていないときより早くなります。加えて、活動する量が多くなると汗をより多くかきます。汗が口の中に入ったときはどんな味がしましたか？　しょっぱい味がしませんでしたか？

それは汗の中にはナトリウム（塩分）が多く含まれているため、しょっぱいのです。この塩分も、食事からとれる大切な栄養素の1つです。汗はただの水分ではなく、塩分をはじめとしたミネラルも含まれているのです。

運動すると

まとめ

スポーツをするときは、カラダの中の栄養が使われている

アスリートのこだわり

多くのアスリートは、毎日決まった時間に体重を測っています。長い練習や試合の後に体重がもとに戻っているかを確認し、さらに運動量と食事量や水分量のバランスを把握するためです。もし、体重が戻っていなければ、選手はその日1日の食事量や朝ごはんでの水分摂取を多めにするなどの調整をしています。体重を測り、食事量や水分量、練習量を把握することは、コンディションを維持するために必要な習慣です。

スポーツジュニアの食事量

1日のエネルギー消費量

　スポーツジュニアはより多くの栄養が必要な時期にさしかかります。小・中学生のカラダの特徴（10ページ）でもふれたように、カラダが大きくなる時期であり、スポーツをすることでたくさんの栄養が使われているからです。

　1日のエネルギー消費量は、大きく3つに分類されます。基礎代謝量（心臓を動かす、呼吸をするなど、生きていくために必要なエネルギー）、食事誘発性熱産生《しょくじゆうはつせいねつさんせい》（ごはんを食べたとき、消化・吸収などに使うエネルギー）、身体活動量（運動と学校生活などの日常の生活活動に必要なエネルギー）です（上図）。

エネルギー消費量の内訳

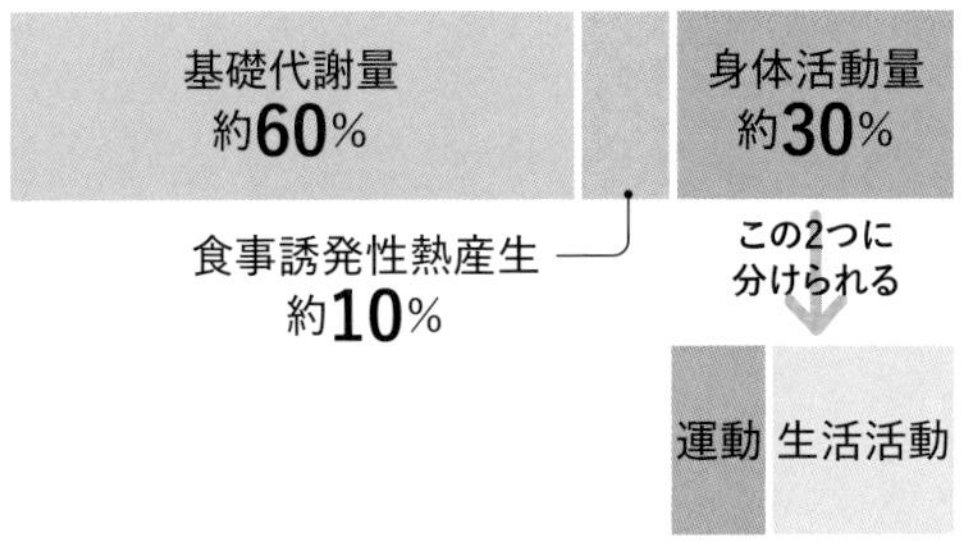

大人よりもたくさん必要！

　スポーツをしているジュニアは、スポーツをしていない大人と比べると成長の分とスポーツの分、エネルギー量が多く必要です。大人よりもまだカラダが小さな人もいますが、実は大人より多くのエネルギー量と、多く必要な栄養素もある年齢なのです（左上図）。

栄養素等摂取の考え方

摂取栄養素等の量を比較したイメージ図です。

1日に必要なエネルギー量の目安

厚生労働省が作成している『日本人の食事摂取基準（2020年版）』に、活動量（身体活動レベル）に応じた推定エネルギー必要量が示されています（51ページ）。

定期的にスポーツをしているジュニア（身体活動レベルⅢ）は、スポーツをしていない同年代のジュニア（身体活動レベルⅠ）より2割程度多くの目安量が示されていますね。この数値はあくまでも目安量です。成長段階や練習・トレーニング・試合の量や頻度、強度や時間によって個人差があります。

今の自分に合った食事量を把握するためにも、体重を定期的、継続的に測って変化を見ることは大切。また、エネルギー以外の栄養素についても、大人と同等に必要なものもあります。目安量（50ページ）を参考にして、成長やスポーツに必要な栄養素を確保し、元気にスポーツができるカラダづくりにつなげましょう。

まとめ

成長期のスポーツジュニアは栄養がたくさん必要

食べたものがカラダの中でたどる道

口から入り、胃で分解します

私たちが食べ物を口にして、栄養素をカラダの中に取り込み、吸収するプロセスを「消化・吸収」と呼びます。このプロセスは、カラダの各消化器官（口、胃、小腸など）で行われています。

食べ物を口から摂取し、歯でかみ砕きます（咀嚼《そしゃく》）。砕かれた食べ物と分泌された唾液が混ざり、主に炭水化物（糖質）の一部を分解します。咀嚼と唾液によって食べ物が飲み込みやすくなり、食道を通って胃に運ばれます。胃では酸が強い胃液が分泌され、主にたんぱく質が分解されます。

栄養素は主に小腸で吸収

胃で分解された食べ物は小腸に移動します。さらに細かく分解され、炭水化物（糖質）、たんぱく質、脂質がそれぞれに消化されて吸収されていきます。食べ物の栄養素は、主に小腸で吸収されます。

吸収された栄養素は全身に運ばれて、エネルギー源や筋肉などの修復など各組織で利用されます。ここで吸収されなかった残りのものが大腸に運ばれ、水分を吸収して便（うんち）がつくられます。

スムーズなプロセスが大切

実際には、食べ物を目で見たり、耳で肉を焼く音などを聞いたりしたときから、カラダは〝食べる〟準備をしています。私たちは食べ物を認識して食品を選んで食べますが、カラダは栄養素を取り込んでいます。カラダに栄養素を取り込むには、この消化・吸収のプロセスがスムーズなことが大切です。

食べたものがカラダをたどる道

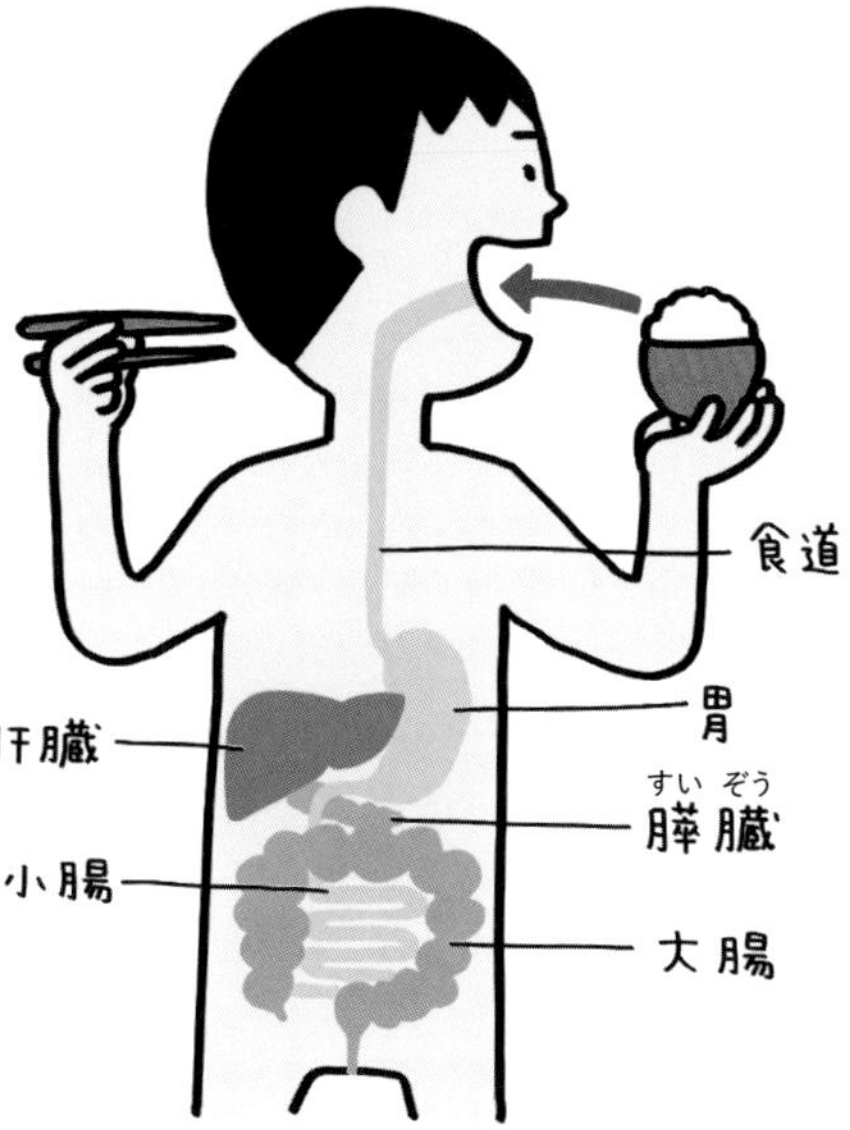

まとめ

食べて消化・吸収して、出すまでがスムーズなのはカラダが元気な証拠

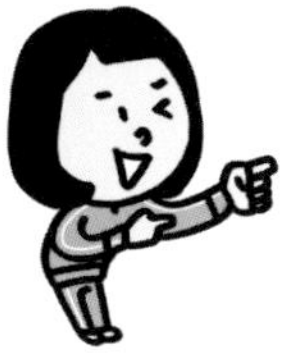

アスリートのこだわり

カラダの大きなスポーツ選手ですからたくさんの食事量が必要です。でも、中にはあまり食べられない選手もいます。毎日試合があるアスリートは、体重を維持するために食事量を確保するのにひと苦労。朝ごはん、移動中、練習中、試合前のごはん、試合中、試合後、夕ごはんと7回くらいに分けて頑張って食べています。数回に分けてでも食事量を確保する、どうすればそれが可能になるかを考えるのもアスリートの技の1つです。

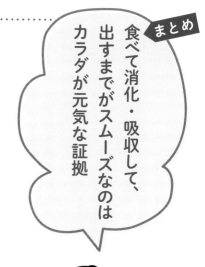

成長期にカラダを動かすメリット

スポーツは強いカラダをつくる

スポーツをするとたくさんの栄養素が使われています。では、スポーツをしなければカラダを動かさないので、たくさん食べる必要がないのでしょうか。

練習やトレーニングでカラダを動かすと、エネルギー源が減り、筋肉が傷つくなど様々な刺激（ストレス）をカラダが受けます。その後、食事と適切な休養（睡眠）をとることで、回復（もとに戻る）し、さらに、もともとの体力レベルより向上したり、筋量が増えたりします。これを「超回復」と呼び、再び同じ刺激（ストレス）がきたときにカラダが負けないように回復し、強くなっていきます（下図）。

スポーツをするとカラダが強くなる

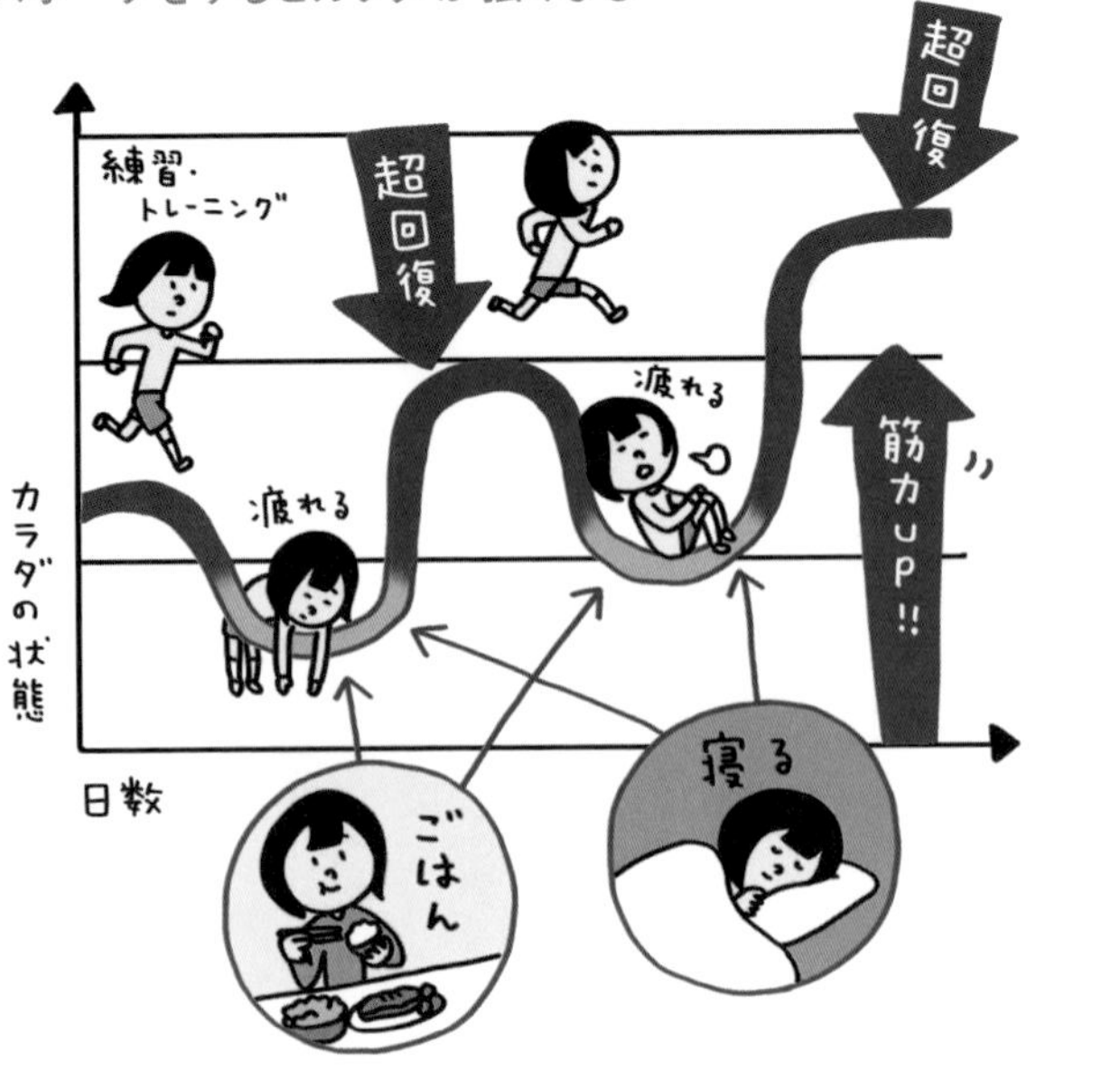

休んで、眠ることも強いカラダをつくる

この「超回復」の仕組みを効果的に生かすポイントは、食事とともに、十分な休養・睡眠をとることです。練習やトレーニングを熱心にするあまり、休日を確保できない練習スケジュールになっていませんか？夜、学校や習い事の宿題はさることながら、テレビやユーチューブ、ゲーム、SNSを、ついつい夜遅くまでやってしまって睡眠時間を削っていませんか？

睡眠中には、成長ホルモンという主にカラダの成長を助ける働きをする物質がつくり出されます。骨や筋肉などカラダが育つ成長期のスポーツジュニアにとって、重要な役割をしています。成長ホルモンは、睡眠中に増加することが多いため、睡眠の量や質が成長に影響を及ぼすことにつながります。寝る直前まで携帯やゲーム機器を見ないようにして、自分の生活リズムで早く眠れるタイミングで寝るように心がけるようにしましょう。

まとめ

運動と食事、十分な睡眠が強いカラダをつくる！

よく寝よう

生活リズムの基本をつくろう

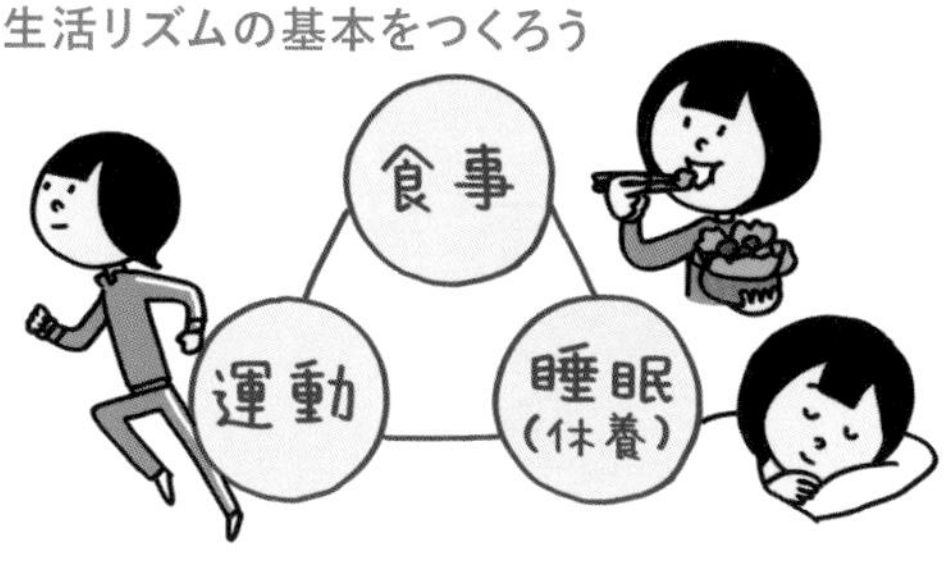

専門家に聞いてみよう

髙橋 将記先生

東京工業大学　リベラルアーツ研究教育院　准教授

生体リズムの大切さについて

私たちのカラダには、「体内時計」という一定の生体リズムを刻む仕組みが備わっています。この体内時計が、体温、血圧、消化・吸収・代謝などの様々な生理機能を調節し、1日の生体リズム（概日《がいじつ》リズム）を作っています。

体内時計には、脳の視交叉上核《しこうさじょうかく》にある主時計（中枢時計）と栄養や運動・スポーツとも関わりが強い肝臓、小腸、筋肉などに存在する副時計（末梢時計）があります。実は、ヒトの体内時計は、24時間より少し長めになっており、私たちの生活時間の24時間に合わせることが重要です。主時計を調節する因子としては、朝の光が中心的な役割を担い、副時計は、朝ごはんや午前中の運動などがあげられます。これらが、朝日を浴びて体内時計をリセット、朝ごはんを食べて体内時計をリセットといわれる理由です。

体内時計は、年齢やライフステージによっても変化します。特に小・中学生のカラダは、朝型の割合が多いのが特徴です。この時期に、不規則な生活や夜型の生活を送っていると生体リズムが乱れ、様々なカラダの不調やパフォーマンス低下を引き起こしてしまうため注意が必要です。最近では、食事で生体リズムを整えることができ、逆に朝食欠食などが続くと学業成績が悪くなる可能性が示されています。また、夜食をたくさん食べること、夜にカフェインを摂取することにより夜型化を促し、睡眠の質を低下させたりします。よって、朝の光や朝ごはんにより日々の生体リズムを一定に保つことが、みなさんの学業成績の向上やスポーツパフォーマンスの発揮にも重要です。

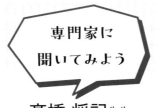

知っておきたい栄養素のこと

食事からとれる栄養素のこと

私たちが毎日口にしている食べ物は、様々な栄養素から成り立っています。そのため、いろいろな食べ物を組み合わせた食事は、多くの種類の栄養素をとることができます。

みなさんのカラダはそれらの栄養素を取り込みます。栄養素は、

① カラダを動かすエネルギー源
② 筋肉や血液、骨などカラダをつくる
③ カラダの調子を整える

と大きく分けて3つの働きをして、カラダを正常に機能させ、健康で元気なカラダを維持しています。

栄養素のカラダの中での働き

食事からとれる5つの栄養素の働き

食事からとれる主な栄養素には、炭水化物（糖質）、たんぱく質、脂質、ミネラル、ビタミンがあります。カラダの中で、それぞれ下図のような役割で働いています。

炭水化物（糖質）、たんぱく質、脂質は3大栄養素と呼ばれていて、この3つはエネルギー源となる栄養素です。3大栄養素にミネラルとビタミンの2つを加えた5つの栄養素は5大栄養素と呼ばれることもあります。さらに5つの栄養素に加え、水分は私たちのカラダに欠かせない成分の1つです。

好き嫌いなく食べて5つの栄養素をとろう

このように食事からとれる5つの主な栄養素は、カラダの中で異なる働きをしています。そのため、〝好き嫌い〟で苦手なものを避け続けていると、カラダの

各栄養素の働き

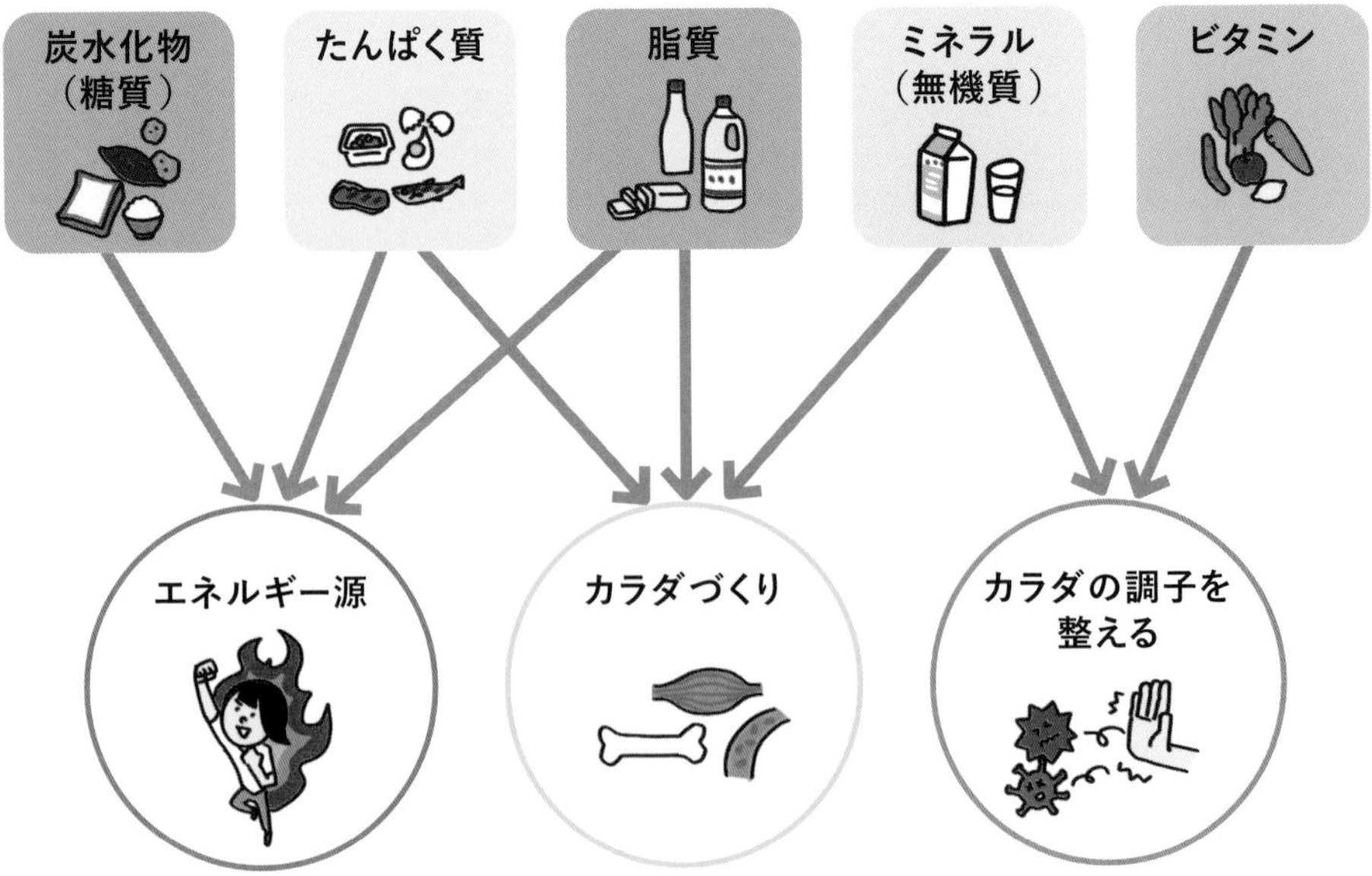

中に取り込む栄養素に偏りが出て、体調を崩したり、ケガをする確率を高めてしまいます。
　大人が〝好き嫌いをなくして苦手なものも食べよう〟と言うのは、みなさんに健康で元気に過ごしてほしいという気持ちからなのです。

苦手でも相手を知ることは大事

　苦手なものがあっても元気で健康なカラダを維持していくためには、まずは自分が食べているものはもちろん、苦手なものには、どんな栄養素が含まれているのかを知ることが大切です。その上で、いろいろな食べ物を組み合わせて、必要な栄養素が不足し続けないように食べる工夫をする技を身につけましょう。

まとめ

食べたものがどんな働きをしているかを知る

アスリートのこだわり

　トマトが苦手なある選手。食感、見た目、すべてが受けつけられない……。それでも栄養が豊富ということを耳にし、自分でトマトについて研究。火を通すと食べられるということを発見し、さらにトマトの主な栄養素をほかの食材で補うことも考えるようになりました。「相手のことを知りつくす」、スポーツで勝っていくためにも大切な姿勢ですね。

栄養素のこと❶ 炭水化物（糖質）を知る

炭水化物（糖質）の働き

炭水化物（糖質）は、主にエネルギー源となります。走る、蹴る、投げるなどすべてのスポーツの一連の動作に加え、脳が考えて集中するためにも、主要なエネルギー源です。

炭水化物は、大きく、消化・吸収されエネルギー源となる「糖質」と、消化・吸収されない「食物繊維」に分類されます。

エネルギー源となる糖質は、1gで4㎉（キロカロリー）のエネルギーをつくることができます。消化・吸収されて、肝臓や筋肉の中にグリコーゲンという形で蓄えられたり（左上図）、血液の中に血糖という状態で存在しています。

一方、食物繊維はヒトの消化酵素では分解されないため、吸収されません。食物繊維には、水に溶ける水溶性と、水に溶けない不溶性があります。どちらもお腹の調子を整えるために大切な成分。水溶性食物繊維は海藻類やこんにゃくなど、不溶性食物繊維は、ごぼうなどの根菜類、きのこ類などに含まれています。

糖質は運動をすると消費される

糖質はグリコーゲンとして筋肉や肝臓に蓄えられています。スポーツでは主にエネルギー源として筋肉のグリコーゲンを消費するので、長時間の練習、強度の高い練習を続けると筋肉のグリコーゲンが減少していきます。肝臓のグリコーゲンは、寝ている間も体温を維持するなどカラダの機能を正常に保つためエネルギー源として使われます。そのため、朝起きたときには、減少していることがわかっています。この減少したエネルギーを補給するためにも朝ごはんで炭水化物（糖質）をとりましょう。

グリコーゲンの貯蔵

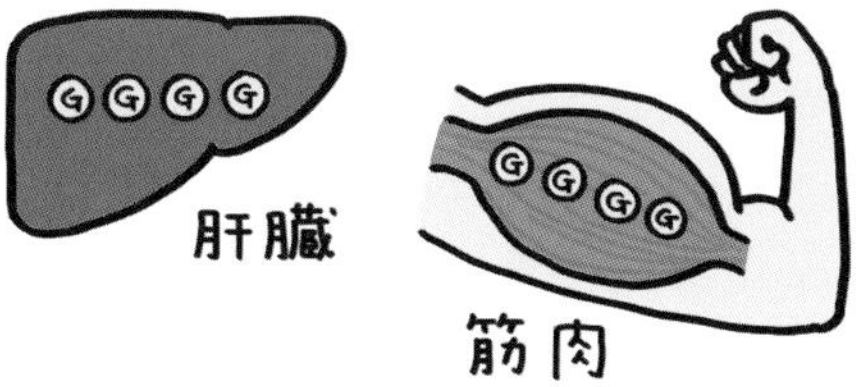

炭水化物（糖質）の必要量

炭水化物（糖質）の必要量は厚生労働省の『日本人の食事摂取基準（2020年版）』（51ページ）を見てください。1日の必要量は食事から摂取するエネルギー（kcal）の50～65％が望ましいといわれています。

目安として食事の半分以上は炭水化物（糖質）になるようにバランスを整えます。炭水化物（糖質）が不足したままスポーツをすると、主要なエネルギー源がないので、筋肉を分解してエネルギー源にしてしまいます。スポーツジュニアに大切な筋肉が分解されてしまっては、せっかく練習やトレーニングをしているのにもったいないですね。

炭水化物（糖質）を多く含む食品

- 白米
- 玄米
- 食パン
- うどん
- そば
- パスタ
- コーンフレーク
- じゃがいも　など

まとめ

カラダを動かし考えるために炭水化物（糖質）をとる

栄養素のこと❷

たんぱく質を知る

たんぱく質の働き

たんぱく質は、主にカラダをつくる役割をしています。筋肉、血液、骨、皮膚、髪の毛、爪など、カラダ全体の15～20％を占めています。炭水化物（糖質）と同様に1gで4kcalのエネルギーをつくることができ、エネルギー源としての役割も担っています。ヒトのカラダづくりに欠かせない大切な栄養素です。

カラダの組成

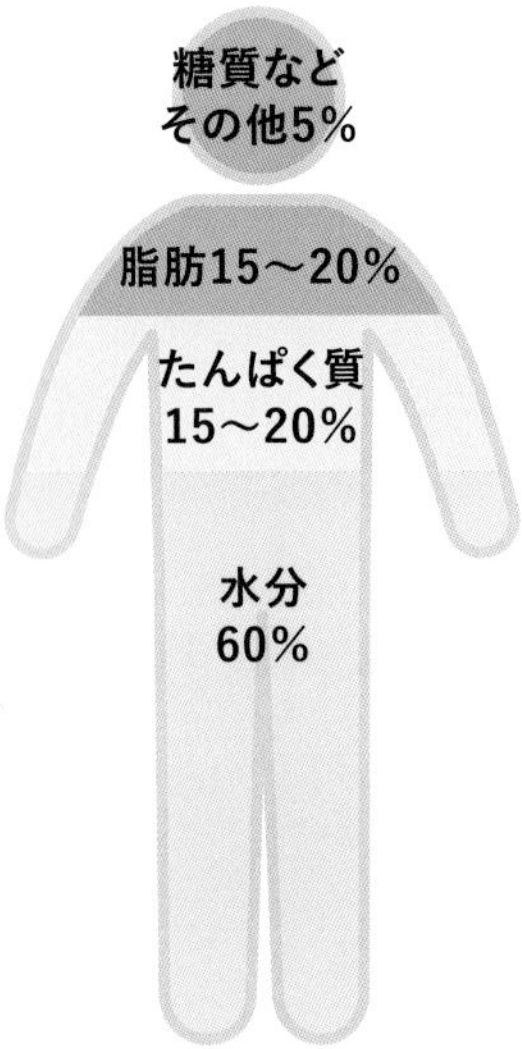

カラダづくりの中心的栄養素

たんぱく質は消化され、カラダに吸収される時にはアミノ酸という形になっています。アミノ酸は20種類あり、様々な組み合わせで、異なる順番でつながり、たんぱく質となって存在しています。このアミノ酸には、カラダの中でつくられる11種類とカラダの中でつくられないアミノ酸（必須アミノ酸）が9種類あります。このことから、アレルギーなどの事情を除いては、基本的には1つの食品に偏らず、様々な食品を組み合わせてたんぱく質をとることが望ましいです。

さらにたんぱく質には大きく、動物性食品から摂取するもの、植物性食品から摂取するものがあります。

どちらもカラダにとって必要なたんぱく質源です。動物性も植物性も、たんぱく質が豊富であること以外に、ほかにも含まれる栄養素がたくさんあります。その特徴も踏まえて、どちらかの食品に偏らないようにいろいろな食品をとるようにします。

カラダづくりの材料のたんぱく質ですが、カロリーがあるのでとり過ぎると体脂肪が増えたり、ほかの栄養素とのバランスが崩れたりすることもあります。練習の量や時間、頻度、自身の成長段階を考え、摂取目標量を（52ページ・表上）参考にして摂取量を考えます。

たんぱく質の必要量

日々、練習・トレーニングを繰り返しているスポーツジュニアは、スポーツをしていない同年代の人たちよりたくさんのたんぱく質量が必要になります。

『日本人の食事摂取基準』では、1日の推奨量（50ページ）、身体活動量のレベル別の目標量が示されています（52ページ・表下）。

これらの量を1回にたくさん食べるよりも、最低でも1日3回に分けて食べたほうが、筋肉の合成に役立つ可能性があるといわれています。これも「朝ごはんを食べましょう」と言われる理由の1つで、できるだけ均等に1日3回に分けて食べて、必要量を確保しましょう。

たんぱく質を多く含む食品

【動物性食品】
・牛肉
・豚肉
・鶏肉
・さけ
・さば
・たら
・卵　など

【植物性食品】
・豆腐
・納豆　など

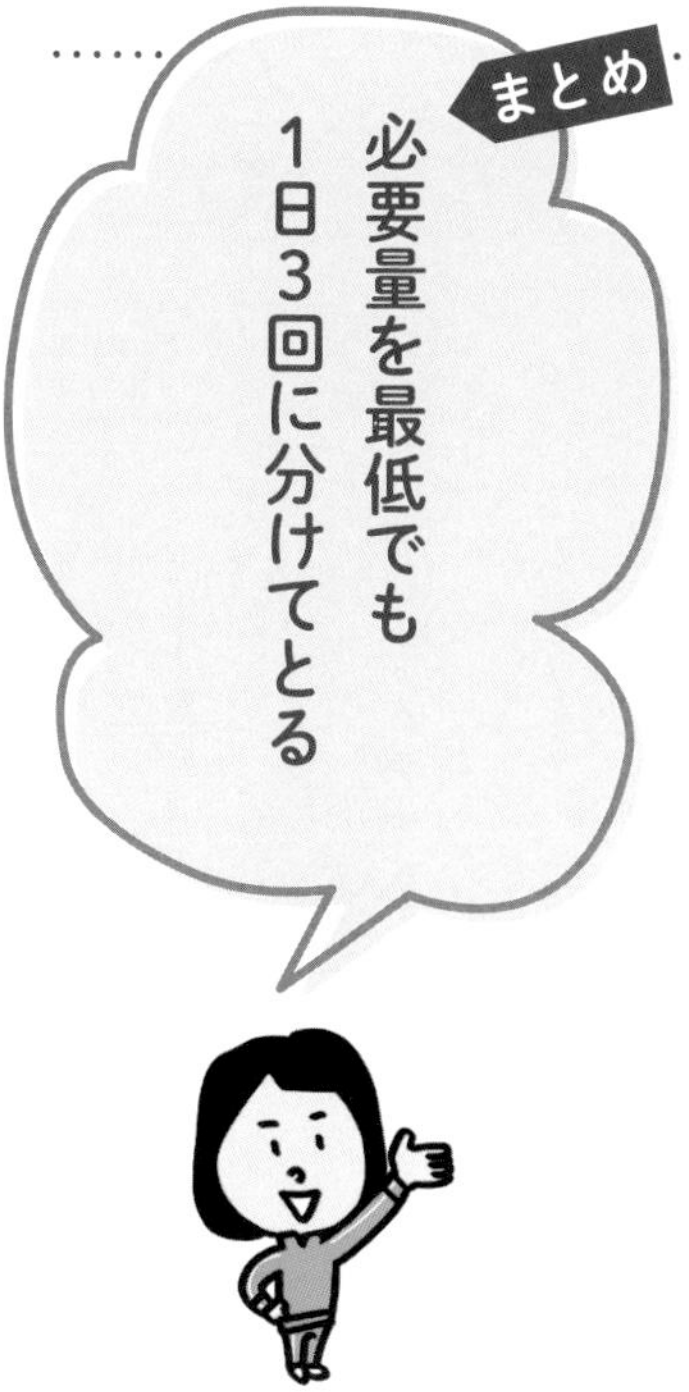
まとめ
必要量を最低でも1日3回に分けてとる

栄養素のこと③

脂質を知る

脂質の働き

「脂質」はその言葉から「体脂肪」が連想されて、まったくとらないほうがいい、悪い栄養素だと思っている人もいるようです。脂質は、1gで9kcalのエネルギーをつくり出すため、炭水化物（糖質）やたんぱく質と比較すると2倍以上のエネルギーをつくり出せます。

炭水化物（糖質）のように即効性のあるエネルギー源としては使われにくいのですが、長時間運動を継続する場合には徐々に燃焼され、エネルギー源として使われる割合が高くなります。

脂質は効率のよいエネルギー源

まだ食事量は少ないけれど、活動量が多いスポーツジュニアの場合は、脂質を含む食品を取り入れることによって、食事のボリュームは変えずに、エネルギー量は確保できるので、効率のよいエネルギー摂取につながります。とはいえ、脂質もとり過ぎると、体脂肪の増加につながるので、とり過ぎには注意が必要です。

エネルギー源や体脂肪の元となる以外にも、細胞の膜やホルモンをつくる材料、脂溶性のビタミンの吸収をサポートする働きもしています。

脂質の必要量

脂質の量は食事全体のエネルギー量の20～30％になることが望ましいと『日本人の食事摂取基準』では示されています。最近では脂質の種類にも注目が集まっています。動物性食品からとれるもの、その中でも肉からとれる脂、魚からとれる脂、植物性の食品からとれる油などそれぞれ種類によって、カラダに及ぼす影響が異なることがわかってきています。そのため、脂質も、様々な食品からとることが望ましいですね。

　といっても、どの油脂もエネルギー量は変わりませんので、カラダにいいと聞いて、摂取量を多くするととり過ぎにつながることもあるので注意しましょう。現在の日本人の食生活では、不足する心配のない栄養素です。

脂質を多く含む食品

- サラダ油
- バター
- バラ肉
- ベーコン
- まぐろ刺身（トロ）
- フライドポテト
- クロワッサン
- マヨネーズ　など

まとめ

上手にとって効率よくエネルギーにしよう

アスリートのこだわり

　ちょっと体脂肪が気になるある選手。カラダのキレが出ていない気がすると相談されました。脂質が多い食品、少ない食品を伝え、「改善できるところはないか」一緒に食事内容を確認しました。その後、選手自身で考え、脂質の少ない食品を選択するようにしたところ、いつの間にか食べたいものが脂質の少ない食品に。今では安定した体脂肪をキープし、カラダのキレも戻っているようです。

栄養素のこと④ ミネラルを知る

ミネラルの種類

ミネラルは無機質とも呼ばれます。カラダの中で様々な働きをするミネラルは、現在16種類あることがわかっています。必要量は3大栄養素と比較するととても少ないですが、カラダが正常に機能するためには欠かせないものです。その種類によって役割が異なり、カラダの機能を助ける、体調を整える、カラダをつくる、などの役割をしています。

16種類の中の13種類は、『日本人の食事摂取基準』で推奨量が示されています。多量ミネラルと微量ミネラルに分類されていて、

多量ミネラル⬇カルシウム、リン、ナトリウム、マグネシウム、カリウム

微量ミネラル⬇鉄、亜鉛、銅、マンガン、クロム、ヨウ素、モリブデン、セレンです。

ミネラルの必要量

ミネラルはカラダの中ではつくることができないので、食べ物からその必要量をとることが大切です。ただし、過剰に摂取し続けた場合は過剰症（とり過ぎることによる悪症状）を引き起こすことがあります。また、カルシウムとマグネシウム、カルシウムとリンなどのように、どちらか一方の摂取量が多くなると、一方の栄養素の吸収が妨げられる場合もあるので、サプリメントなどを活用するときは注意が必要です。

成長期に意識したい2つのミネラル

成長期のスポーツジュニアに欠かせないミネラルは、鉄とカルシウムです。カルシウムは骨をつくる材料として必要で、成長期は一生の中で最もたくさん必要な時期です。鉄については、急激な成長とともに、カラダの中の血液量が増えるので必要量が多くなります。

スポーツジュニアに必要なミネラル

鉄
血液の材料

鉄を多く含む食品

・鶏レバー
・豚レバー
・牛もも肉
・まぐろ（赤身）
・あさり
・ほうれん草　など

カルシウム
骨の材料

カルシウムを多く含む食品

・牛乳
・ヨーグルト
・しらす干し
・桜えび
・小松菜
・木綿豆腐　など

まとめ

必要量は少ないけれど大切な役割をしている

アスリートのこだわり

炭酸飲料が大好きだったある選手。炭酸飲料、加工食品にリンというミネラルが多く含まれていることを知り、カルシウムとのバランスを考えなくてはと、加工品を多く食べた日には牛乳をいつもの倍くらい飲む工夫をしたとか……。方法としてはいささか疑問ですが、「バランスをとる」という課題に向けて自分なりの工夫をし、続けられる方法を編み出す姿勢は、なるほどなと思いました。

栄養素のこと 5

ビタミンを知る

ビタミンの働き

ビタミンは、そのほとんどがカラダでつくられないため、食事からとる必要のある栄養素です。ビタミンそのものはエネルギー源ではありませんが、カラダを動かしてエネルギーをつくるときや、カラダが成長するときなど、炭水化物（糖質）やたんぱく質、脂質の働きを正常に機能させるサポートをします。また、紫外線や気温差、緊張などのストレスからカラダを守る役割もしています。

ビタミンの種類は大きく2つ

ビタミンは水に溶ける水溶性ビタミン（ビタミンB群、C）と、油脂に溶けやすい脂溶性ビタミン（ビタミンA、D、E、K）に大きく分けられます（左ページ）。

水溶性ビタミンは水に溶けるため、必要量よりも多くとった場合、余分な量は尿から排泄されるので、過剰症になりにくいとされています。逆にいうとカラダの中にためておけないので、3食の食事でとる必要があります。

一方、脂溶性のビタミンは油脂に溶けやすい性質のため、カラダの脂肪や肝臓にためておくことができます。その代わりに、過剰に摂取すると過剰症が見られるものがあるので、サプリメントなどに含まれている場合は注意が必要です。

骨の形成に関わるビタミン

エネルギーをたくさん使い、カラダを動かしているスポーツジュニアは、ビタミンの必要量も多くなります。代表的なビタミンの働きは左表を見てください。

脂溶性ビタミンの中のビタミンDとKは骨をつくるときに欠かせないビタミン。特にビタミンDについては、不足し続けると欠乏症が起きることにもつながります。不足しないように気をつけたいですね。ビタミンDについては、食品からの摂取だけでなく、紫外線にあたると皮膚下でつくられることもわかっています。紫外線にあたる機会が少ない室内競技などの場合は、意識して日光にあたるようにしてみましょう。

まとめ

カラダでつくれないので食事からとる栄養素

水溶性ビタミン（ビタミンB群、C）

ビタミン	働き	多く含む食品
ビタミン B_1	炭水化物（糖質）のエネルギー産生に関わる。	・豚ヒレ肉 ・ボンレスハム ・うなぎのかば焼き ・玄米ごはん ・ごま（乾燥）　など
ビタミン B_2	炭水化物（糖質）、たんぱく質、脂質の代謝に関わる。	・豚レバー ・魚肉ソーセージ ・牛乳 ・納豆 ・卵　など
ビタミン B_6	アミノ酸などの代謝に関わる。	・ブロッコリー ・モロヘイヤ ・切り干し大根 ・かつお ・さけ　など
ビタミン C	コラーゲン（たんぱく質）の合成に関わる。非ヘム鉄の吸収を促進。抗酸化作用。	・オレンジ ・グレープフルーツ ・キウイフルーツ ・トマト ・じゃがいも　など

脂溶性ビタミン（A、D、E、K）

ビタミン	働き	多く含む食品
ビタミン A	視覚に関与。粘膜細胞の機能保持。	・うなぎのかば焼き ・にんじん　など
ビタミン D	カルシウムの吸収を助ける。	・きくらげ（乾燥） ・しらす干し ・さけ ・まいわし　など
ビタミン E	生体膜の安定化。抗酸化作用。	・かぼちゃ ・アボカド　など
ビタミン K	血液凝固。骨の形成を促す。	・鶏もも肉（皮） ・油揚げ ・納豆 ・ひじき（乾燥）　など

「水分」について知る

カラダの半分以上を占める水分

私たちのカラダは約60％が水分で成り立っています。カラダの中の水分は、栄養素や酸素などを運ぶ運搬作用や老廃物を排出する働き、そして、発汗することで体温を調節する重要な役割をしています。

水分の1日の収支（カラダに入る水分、出る水分）は約2・5ℓといわれています。カラダに摂取する水分は、飲み物、食べ物、そしてカラダの中でつくられる水分です。排出する水分は汗、尿、便、呼気に加えて、皮膚からも蒸発して失われています（34ページ・下図）。

人のカラダの体温は、一定に保たれるように絶妙に

カラダの水分の割合と働き

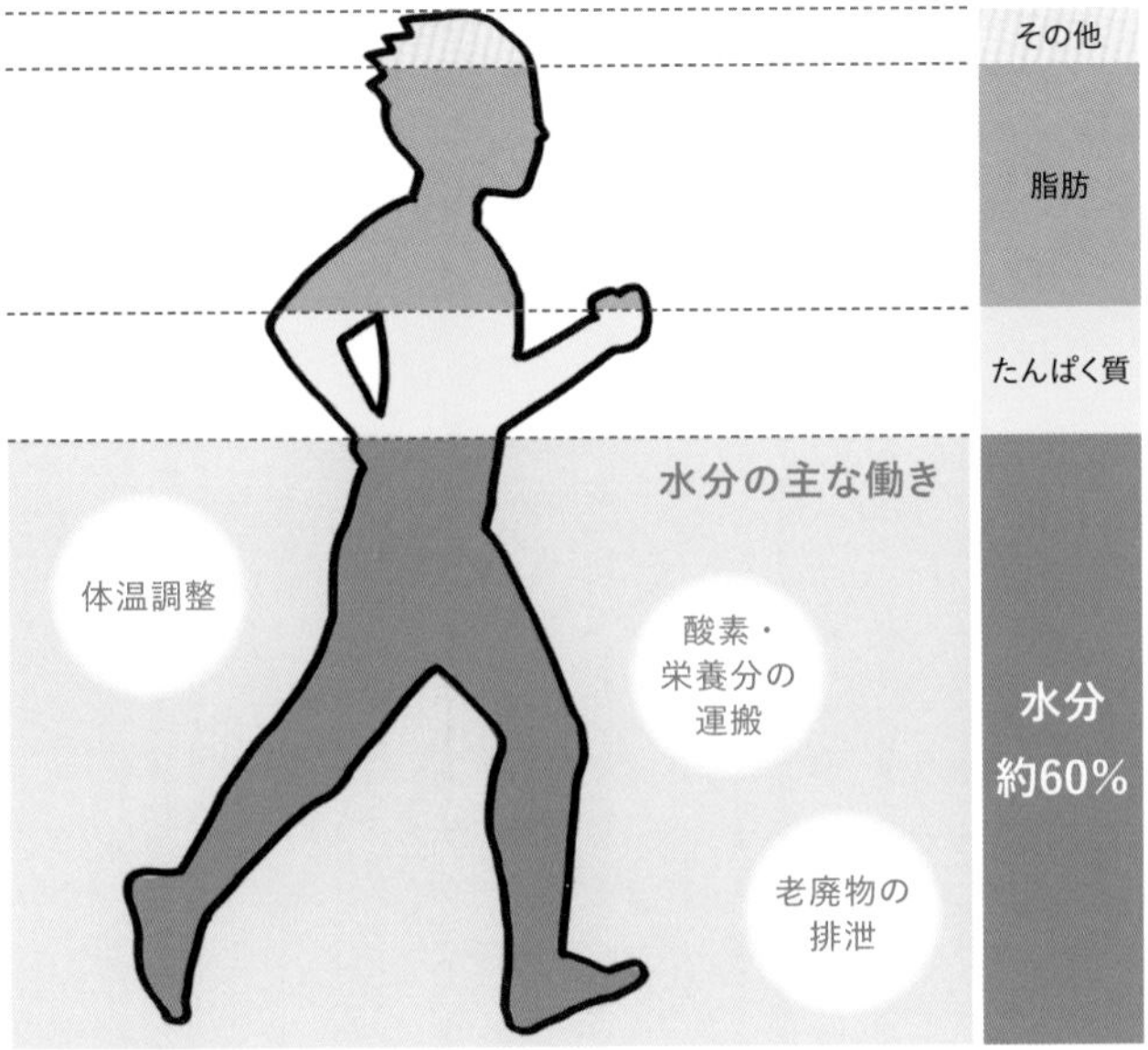

コントロールされています。スポーツをすると、カラダの中で熱がつくられます。そうすると、体温は上昇していきますが、その体温が上がり過ぎないように人は汗をかいて、カラダから熱を逃がし、体温をコントロールしています。カラダの中に発汗のための水分が不足していると、発汗することができないため、体温コントロールがきかなくなり、体温が上昇していきます。そうすると、足がつる、ふらふらするなどの症状があらわれ、熱中症を引き起こす要因になります。

水分補給の目的

運動中に水分補給をする目的は、脱水による水分の補給、発汗で失われるミネラルの補給、スポーツで使うエネルギーの補給です。汗はただの水ではなく、ナトリウム、カルシウム、マグネシウム、鉄などのミネラルも含まれています。ミネラルはカラダの機能をスムーズに働かせるための役割があるので、汗で失われたミネラルは水分とともに補給をすることが大切です。

運動中の水分補給のポイントは大きく4つあり、左図を参照してください。競技やポジションによっては練習中・試合中に思うように水分補給ができない可能性もあります。

ポイントを押さえた水分補給ができるように水分の準備、練習計画を立てましょう。スポーツ活動時のパフォーマンスの低下を防ぎ、コンディションの維持につながります。

運動中の水分補給のポイント

ポイント1
動く前から補給。
カラダを動かす1時間前くらいからペットボトル1本（500mℓ）程度

ポイント2
長時間の活動（1時間以上が目安）や発汗量が多いときは、水やお茶だけでなく、ミネラルや糖分を含む
スポーツドリンクの活用

ポイント3
のどが渇く前に、**こまめに（目安15～30分ごと）**、コップ1～2杯、1回200～250mℓ程度

ポイント4
適度に
冷たいもの（5～15℃）

水分の必要量を知る

自分の水分補給量がどのくらい必要なのかを知るための方法として、練習中の水分補給量の把握と合わせて、練習前後の体重測定があります。同じ服装で、練習の前と後に体重を測ると、その差は脱水量と考えられます。差が体重の2％以上減っていると、パフォーマンスにも影響があり、脱水状態にあるといえます。そのときは水分補給の量や回数を増やします。発汗量は個人差、気温や湿度によって違いがありますが、継続的に体重測定することで水分補給の目安になります。

まとめ

脱水を防ぐために水分補給量を知る

水分の収支

水分摂取

- 食べ物 ▷▷ 1.0ℓ
- 飲み物 ▷▷ 1.2ℓ
- 体内でできる水 ▷▷ 0.3ℓ

水分排出

- 便・尿 ▶▶ 1.6ℓ
- 呼気・汗 ▶▶ 0.9ℓ

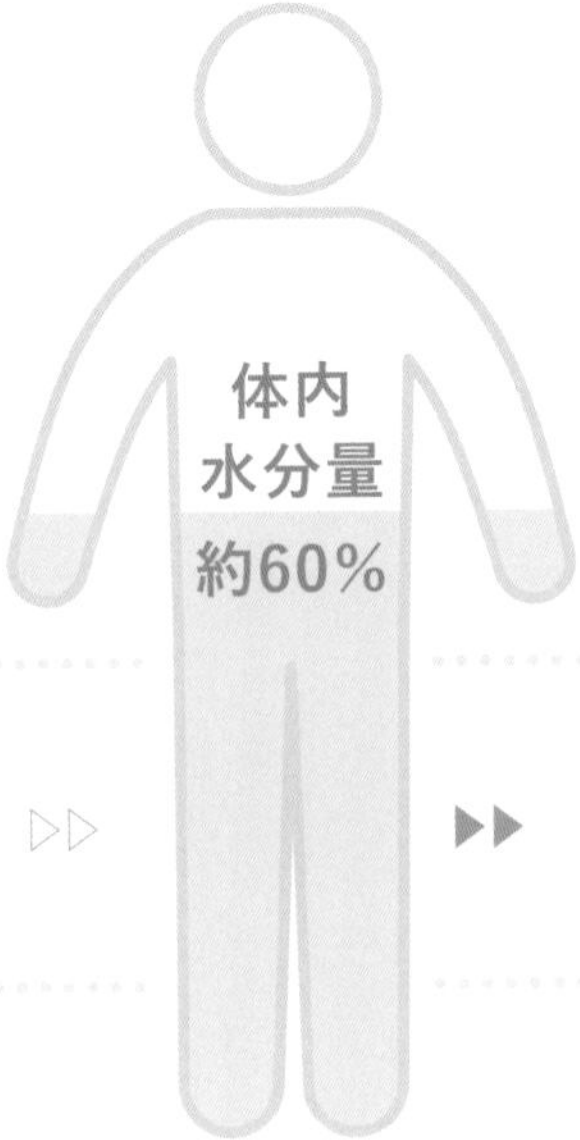

1日の水分摂取量 合計約 **2.5ℓ** ▷▷ ▶▶ 1日の水分排出量 合計約 **2.5ℓ**

専門家に聞いてみよう

中村 真理子先生

独立行政法人 日本スポーツ振興センター
ハイパフォーマンススポーツセンター
国立スポーツ科学センター　スポーツ科学・研究部　先任研究員

暑さ対策

夏の暑い環境下でスポーツ活動を行うと、発汗によってカラダの水分が失われ脱水状態に陥りやすくなります。持続的な脱水は、カラダの深部の体温の過度な上昇（高体温）や運動パフォーマンスの低下、最悪の場合熱中症を招くことがあります。脱水や高体温の予防には水分補給、身体冷却といった暑さ対策が重要となります。

スポーツ活動時の水分補給については、自発的に補水する量では十分でないこともわかっているため、スポーツ活動前にあらかじめ計画的に水分補給を行うことが大切になります（スポーツ活動中の水分補給については、33ページ～をご参照ください）。

スポーツ活動時の身体冷却には、冷たい飲料やアイススラリー（水と微小な氷が混ざった氷飲料）の摂取によってカラダを中から冷却する方法や、冷水を張ったバケツに手のひらから肘までをひたしたり、アイスベスト、アイスパック、アイスバス等を用いてカラダを外から冷却する方法があります。ただし、冷やし過ぎは運動パフォーマンスを低下させる場合がありますので、冷却方法の選択、タイミング、冷却時間を考慮しながら実施することが重要です。なお、熱中症発症時には生命に関わる緊急事態であるため、速やかに全身を冷却しなければなりません。最も冷却効果が高いのは冷水浴（アイスバスを用いた全身冷却）です。アイスバスなどがない場合は氷水の掛け流しやアイスタオルで全身を覆うなど広範囲にカラダを冷却する方法が推奨されます。

また、カラダが暑さに慣れていない状態でスポーツ活動を行うと熱中症のリスクが高くなります。日本の5～6月は気温の上昇に伴い徐々に暑さに慣れていく（暑熱順化《しょねつじゅんか》）時期ですが、急激に外気温が上昇する日には、スポーツ活動時間の短縮や強度を低くするなどして段階的に暑さに慣れていくことが重要です。

カラダづくりのしくみ❶ 筋肉について

筋肉をつけるしくみ

カラダづくりのしくみ、主に筋肉について知っておきましょう。

スポーツをしている人にとって大切な筋肉。アスリートのカラダを見ていると筋肉のあるカラダでかっこいいですね。この筋肉がエネルギーを蓄えて大きなパワーを発揮したり、俊敏な動きを繰り返したりしています。筋肉は、たくさんの筋繊維が束になってできていて、トレーニング、栄養補給、休養を繰り返すことで、筋繊維が強く太くなっていきます。これが「筋肉をつける」といわれるしくみで、筋肉は時間をかけてつくられています。

筋肉がつくしくみ

①運動をする
②筋繊維が切れる
③たんぱく質などで補修
④切れた筋繊維が以前より強くなる

筋肉には種類がある

筋肉は、その種類によって自分の意志で動かせる筋肉（骨格筋）と、自分の意志とは関係なく動いている筋肉（胃や腸などの平滑筋、心臓の心筋）があります。筋肉はカラダを動かすだけでなく血流を促し、体温をコントロールするためにも働いています。どちらもとても大切なカラダの一部です。

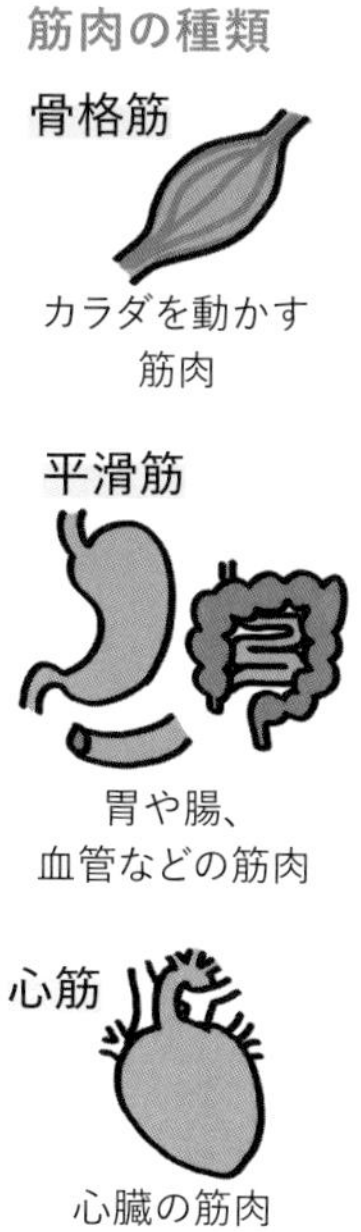

筋肉のもとになるもの

筋肉は水分を除いた約80%がたんぱく質でできています。

そのため、スポーツの練習・トレーニングを定期的、継続的にしている活動量が多い人は、筋肉への刺激があり、筋肉を修復するために、活動量が少ない人と比べるとその材料となるたくさんのたんぱく質が必要になります。筋肉をつけるためには、トレーニングと栄養補給と休養のバランスが大切です。

スポーツジュニアは成長段階ですから、大きな筋肉をつけることを目的としたトレーニングは、関節などに負荷がかかりやすくなり、痛みを引き起こすなどケガにつながる可能性があるといわれています。この時期は、大きな筋肉をつけるという目的よりも、筋肉や骨の健全な成長を目的としてトレーニングや食事、休養のバランスを考えたいですね。

自身の成長の段階や体調、練習量、練習の強さなどによってたんぱく質の量を確保していきましょう。

まとめ

筋肉の主材料はたんぱく質です

カラダづくりのしくみ❷ 骨について

骨の3つの役割

骨にはカラダを支える、臓器（脳、心臓、肺など）を守る、カルシウムを貯蔵するという3つの大きな役割があります。

①カラダを支える

カラダは骨によって支えられており、骨がないと立つことも座ることもできません。

②内臓を守る

心臓や脳、内臓はとてもやわらかい臓器。外部の衝撃から内臓を守るために、骨はひと役かっています。骨を健康に保つためにも、骨の中身を充実させて強くしておくことが大切です。

③カルシウムの貯蔵庫

カラダの中のカルシウムは、骨・歯に約99％存在し、残りの１％は筋肉中や血液中などに存在しています。この１％のカルシウムは、筋肉の伸び縮み（収縮）や心臓を動かす、血液を固めるなどの働きもあり、生きていくために欠かせない存在です。そのため、筋肉や血液の中のカルシウム量が不足しないように必要に応じて、骨に貯金されているカルシウムを取り出し、常に一定に保たれるようにコントロールされています。

カルシウム貯金！

現在、日本人のどの年代でもカルシウム摂取量は少ない傾向にあることがわかっています。成長期は骨貯金が活発になる年代。20歳ごろがピークで（ピークボーンマス）、その後は骨が壊されるほうが優先されるため、それまでのような増加は見られなくなります。

そのため、20歳までに骨のカルシウム量をできるだけ多く貯金しておくことは、一生涯、強い骨でいるために大切なポイントです。成長期に骨を強くしておくことは、今後のスポーツ活動で起こる骨のケガの予防や早期回復にも役立ちます。

骨の形成を助ける栄養素

カルシウムの吸収をビタミンDが促し、骨にカルシウムを定着させるためにビタミンKがサポートしています。この2つのビタミンは、カルシウム貯金を満タンにするため、成長期に骨を強くするためにカルシウムとともに欠かせない栄養素です。また骨の土台となっているのはコラーゲンというたんぱく質。コラーゲンをつくるにはビタミンCも欠かせません。

まとめ

カルシウムとたんぱく質、ビタミンC、D、Kが骨をつくる

骨の構造

骨の構造を建物に例えると、コラーゲン（たんぱく質）＝鉄筋、カルシウム＝コンクリートの役割をしています。コラーゲンは骨の体積の約半分、重量の約20%を占めています。

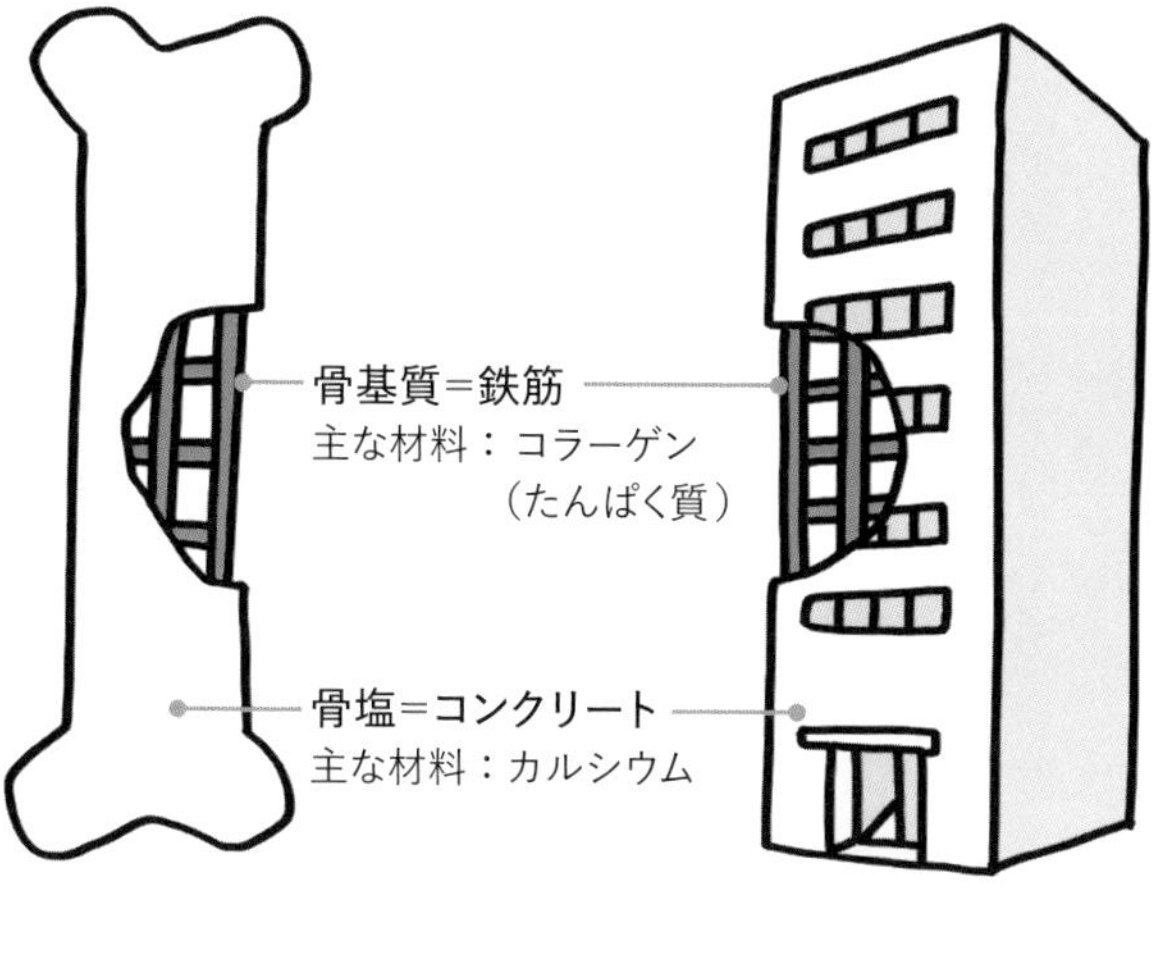

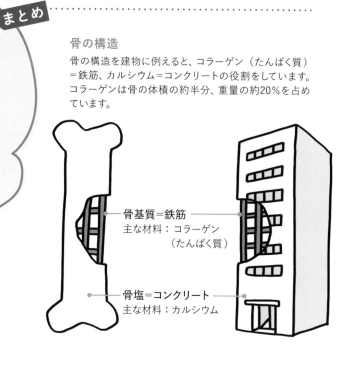

カラダづくりのしくみ③ 血液について

赤血球の働きは酸素を運ぶこと

血液の大事な働きは、カラダの隅々まで酸素や栄養を運ぶ役割です。これを担っている血液の成分は、赤血球です。

赤血球は字から想像がつくように赤色です。この赤色はヘモグロビンという成分です。ヘモグロビンは酸素が多いところでは酸素を受け取り、酸素が少ないところでは酸素を放す性質があります。スポーツをしているときは、筋肉をたくさん動かしているため酸素が必要となります。そのため呼吸によって肺に取り込んだ酸素を、ヘモグロビンが運んでいきます。

貧血予防の食事

主要ミネラルの1つである鉄は、このヘモグロビンの材料となっています。グロビンというたんぱく質と鉄が結びついて、ヘモグロビンがつくられています。そのため、カラダの中の鉄が不足するとヘモグロビン量が低下し、酸素の運搬が滞り、カラダの組織が酸欠状態になって、疲れや息切れ、立ちくらみ、めまいなどの症状があらわれるようになり、さらに貧血につながっていきます。

鉄は食事から摂取しますが、吸収率が10％程度と低いものもあり、不足しやすい栄養素の1つ。成長とスポーツのためにスポーツジュニアは鉄を多く必要とします。鉄が多く含まれる食品を意識してとることが大切です（29ページ）。

貧血の予防の食事は、鉄の強化だけでなく、基本の食事をそろえる（46ページ）、1日のエネルギー量を確保する、鉄が多く含まれる食品（肉・魚・大豆製品や色の濃い野菜）や植物性の鉄の吸収を促すビタミンCとの食べ合わせを日々心がけます。

そのほかの大事な働き

そのほかにも血液には大事な働きがあります。白血球は、外から入ってきた細菌やウイルスなどいわゆる外敵と戦うという役割があります。

栄養分や二酸化炭素を運んでいるのは血しょう、出血をしたときに血液を固める成分は血小板《けっしょうばん》と呼ばれる成分で、赤血球、白血球と合わせると血液には主に4つの成分（下図）が存在し、スポーツジュニアの健康を維持しているのです。

まとめ

貧血予防のための、食事ポイントを押さえよう

血液の4つの成分

- 血しょう：栄養と二酸化炭素を運ぶ
- 赤血球：栄養と酸素を運ぶ
- 血小板：血液を固める
- 白血球：外敵と戦う

「貧血」と診断されたら

鉄剤での治療、トレーニング量の調整、食生活の見直しに取り組みます。食生活では、まず、十分なエネルギー量をとること、血液の材料となる、鉄、たんぱく質を含む食品を積極的にとります。また、植物性の鉄の吸収を助けるビタミンC、たんぱく質を組み合わせ、鉄吸収を促すメニューを考えます。

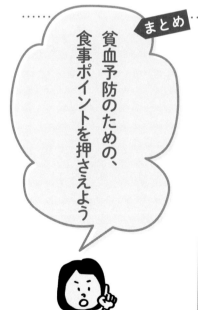

カラダのしくみ番外編

女子スポーツジュニアのこと

女子のカラダの特徴

女子と男子では、第2発育急進期から、それぞれ発育に特徴が見られます。個人差はありますが、一般的に男子は骨格筋量が増え、女子は体脂肪が増える傾向にあります。体脂肪がつくことは健全な成長ですが、スポーツをしていると体脂肪＝悪という考えが競技によっては存在しています。

また、女子の変化で特徴的なのは初経を迎えることです。初経後しばらくは安定しないものの、定期的に月経が起こります。それにより月経前症候群（PMS）や月経痛など女子特有のコンディションに影響する課題に直面することもあります。健康を維持して、元気にスポーツをするためにも女性のカラダの変化や特徴について知っておきましょう。

女性アスリートの三主徴《さんしゅちょう》

過剰な体脂肪がつくことは避けたいですが、極端なダイエットによる食事制限は、拒食症や過食症などの「摂食障害」を引き起こすきっかけになることも。また、利用可能エネルギー不足（44ページ）から無月経につながる可能性も高まります。

女子の骨形成にはエストロゲンという女性ホルモン（45ページ）が関わっています。無月経になるとエストロゲンの分泌が低下し、骨密度の低下から、疲労骨折を招くリスクが高まります。利用可能エネルギー不足、無月経、骨粗しょう症は女性アスリートの三主徴と呼ばれています。

女性アスリートの三主徴

トレーニングによるエネルギー消費に対して食事から十分なエネルギーがとれていない場合に生じる3つの健康問題です。

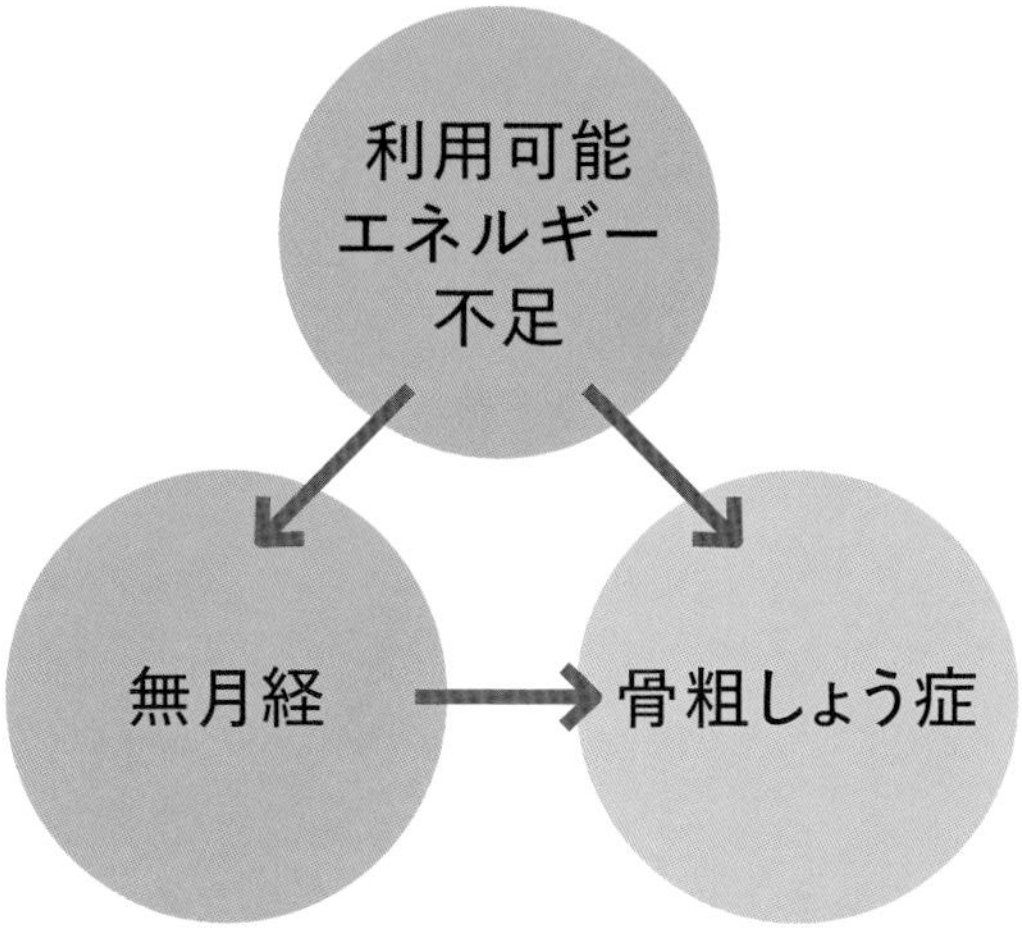

まずは、月経周期と体調の把握を

このような女子特有のコンディションに影響する課題、カラダの変化を知っておくことで、自分の体調や体格に合わせた食事をとり、適切な減量（83ページ）やコンディション維持につなげることができます。

月経については、月経のメカニズムを知り、自分の月経周期を把握。また体調や体重などのコンディションチェックとともに（124～127ページ）、基礎体温を継続して記録しておくことも月経管理だけでなく、女性ホルモンの変化を客観的に知ることができて体調管理につなげることができます。

利用可能エネルギー不足とは

利用可能エネルギーとは、「食事からとる摂取エネルギーから、運動により消費されるエネルギーを引いた残りのエネルギー量」のことです。

運動量が増大した場合や過度な食事制限によって、利用可能エネルギーが不足する状態が続くと、月経不順や無月経につながり、骨密度が低下し疲労骨折のリスクも高まります。無月経や月経異常は、将来的にも健康課題（月経困難症、子宮内膜症、骨粗しょう症など）につながるリスクがあります。

その予防のためにも、運動によるエネルギー消費量に見合った食事量をとることがとても重要です。

保護者・指導者の方へ

月経は女子スポーツジュニアの健全な発育にとって必要なカラダの変化です。しかし、身長が止まるから初経を遅らせたい、月経がないと練習が楽、月経があるのは練習を追い込んでいないなどの誤った知識や思い込みで月経を「悪」としているスポーツ現場がまだあります。月経がコンディションに影響すると体感しているアスリートも少なくありません。月経に対する正確な知識を得て、その子に合った月経対策を一緒に考えていきましょう。

月経については、相談しにくいという選手が多いようです。ある地域のスポーツクラブでは、母親や女性トレーナーが月経の相談役として存在しているとのことです。月経のことを相談しやすい環境づくりもまた、女子スポーツジュニアのサポートの1つになると思います。

まとめ
女性特有の健康課題と体調管理を知ろう

専門家に
聞いてみよう

相澤 勝治先生
専修大学教授・専修大学スポーツ研究所所員

ホルモンと成長について

「ホルモン」は、一般にカラダの中にある内分泌腺という細胞からつくられ、血液中を移動して、様々な標的組織（骨、筋肉など）で作用します。外部環境や刺激、カラダの内部の変化が起きても、カラダの状態（体温、免疫、血糖など）を一定に保つためにホルモンは重要な役割を果たしています。

成長期になるとカラダの各部に男女の特徴が見られます。個人差は大きいですが8～18歳ごろまでには、男性では筋肉がつき始め、女性では脂肪の割合が男性より多くなり、初経を迎えます。このカラダの変化のことを第2次性徴（第2発育急進期）といい、性ホルモン（男性ホルモン・女性ホルモン）が深く関わっています。

精巣から分泌される男性ホルモン（テストステロン）は骨格や筋肉の成長作用、性成熟（ひげが生えたり、声変わりなど）、たんぱく同化作用（※）などがあります。一方、卵巣から分泌される女性ホルモン（エストロゲンとプロゲステロン）は月経や妊娠・出産に関わり、骨の発達にも作用します。運動はホルモンの分泌に影響を与えることが知られています。例えば、運動時には心拍数の増加やエネルギー利用が促進されますが、このしくみにアドレナリンやノルアドレナリンが作用します。

筋肉量を高める効果的な筋力トレーニングでは、テストステロンや成長ホルモンの分泌が高まり、トレーニングによる筋肉量や筋力の増加に作用します。一方、女性アスリートでは、激しい運動によって女性ホルモンの分泌が低下する場合があり、月経異常との関連性が示されています。このように、運動とホルモンは、トレーニング効果やコンディションと深く関わっていると考えられています。ほかにも、ストレスを受けると分泌されるコルチゾールや血糖値を一定に保つ作用があるインスリンなど数多くのホルモンがあります。特に成長段階にあるジュニア期においては、健全な成長を得るためにも各ホルモンの働きを理解することが大切です。

※たんぱく同化作用＝食べ物が消化・分解されたときにアミノ酸を再び集め、たんぱく質（筋肉や骨）をつくること。

スポーツジュニアの基本の食事

基本の食事を覚えよう

栄養素の種類と働きを知った後は、いよいよ実践。毎日の食生活への取り入れ方を覚えていきましょう！

栄養素を考えて食べるというのは、難しいイメージがありますか？　自分のカラダのために栄養を考えてとるなんて、大変だと思い込み過ぎてしまうこともしばしば。

でも、大丈夫。コツをつかんで習慣にしてしまえば、意外と簡単です。そのコツは、毎日の食卓に並べるスポーツジュニアの「基本の食事」をポジションで覚えることです。「基本の食事」の形をそろえると、栄養素のことを深く考えずに、スポーツジュニアのカラダにとって必要な栄養素をまんべんなく（バランスよく）とることができるのです。

スポーツジュニアの「基本の食事」は**❶主食**、**❷おかず**（主菜）、**❸野菜**（副菜）、**❹果物**、**❺牛乳・乳製品**の5つのポジションをそろえる形です。

ポジションを覚えよう

この形は、スポーツジュニアからトップアスリートまで同じです。

トップアスリートの栄養サポートでは、専門の栄養士さんや専属の調理師さんがつくることがあります。それでもすべての食事が管理されたり、提供されたりしているわけではありません。自分自身で食事を選択して食べている日もあります。そのため、自分自身で「基本の食事」を最初に覚えるようにしています。そうすると、遠征先や外食などどんな環境でも、自分にとって必要な栄養素を確保することができます。スポーツジュニアも、自分自身で簡単に実践することができる方法です。

最初は食品の種類が覚えられずに、「めんどうだな」と感じたり、うっかり忘れてしまうこともあるかもしれません。でも、コツをつかんで継続すると習慣になります。毎日元気にスポーツができる健康なカラダ、強くたくましいカラダに成長するために、毎日3回、基本の食事をそろえる意識をつけていきましょう。

5つの食品をそろえてバランスよい食事を身につけよう!

❶ 主食 … ごはん
❷ おかず … 豚のしょうが焼き　豆腐ときのこのみそ汁
❸ 野菜 … ツナサラダ（レタス、きゅうり、トマト、ブロッコリー、ツナ）
❹ 果物 … オレンジ　　❺ 乳製品 … ヨーグルト

まとめ

「基本の食事」は5つのポジションをそろえること

アスリートのこだわり

乳製品をそろえることを忘れがちな選手が、代表チームに選ばれました。2週間の代表合宿、最初3日間は、毎食写真で確認をしていましたが、体重も安定しているため、その後は本人に任せることに。しばらくして、ほかの選手が食事風景をSNSでアップしていて、そこに、ヨーグルトをそろえている選手の写真がありました。自分自身で選ぶ意識が継続していて安心しました。

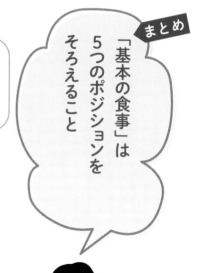

ポジション別に集めてみよう

❶〜❺のポジションに、どんな食品があるかを覚えよう

❶ 主食

ごはん、パン、もち、めん類（うどん、そば、パスタなど）、シリアル、いも類などです。

主に含まれる栄養素は炭水化物（糖質）で、エネルギー源となります。

❷ おかず（主菜）

肉、魚、卵、大豆製品（豆腐や納豆など）です。

主にカラダづくりの栄養素であるたんぱく質が含まれています。脂質、ミネラル（鉄など）も含まれています。たんぱく質が多く含まれている食品には、脂質も含まれることが多くあります。肉の部位の選び方、

食品のポジションと主に含まれる栄養素

❶ 主食 炭水化物（糖質）

❷ おかず（主菜） たんぱく質、ミネラル、脂質

❸ 野菜（副菜） ビタミン、ミネラル

❹ 果物 ビタミン、炭水化物（糖質）

❺ 牛乳・乳製品 ミネラル、たんぱく質、脂質

調理方法の工夫で脂質のとり過ぎにならないように気をつけます。

❸野菜（副菜）

野菜は色の濃い野菜（緑黄色野菜）と、色の薄い野菜（淡色野菜）に分類します。

緑黄色野菜には、体調を整えるビタミン、ミネラルが、淡色野菜と比べると多く含まれています。効率よく栄養素を摂取できるように、色の濃い野菜は優先的に食べるように心がけます。緑黄色野菜はトマト、にんじん、ピーマン、ブロッコリー、ほうれん草などです。

淡色野菜はキャベツ、レタス、もやしなどです。きゅうり、なすは色が濃いのですが淡色野菜に分類されます。切ると切り口の色が薄くなっていることが見分け方のポイントです。

❹果物

果物は、ビタミンCというストレスからカラダを守る働きをする栄養素をとることができます。ビタミンCが多く含まれる果物は、主に食べると甘酸っぱいと感じるもの。オレンジ、みかん、グレープフルーツなどのかんきつ類、いちご、キウイフルーツ、アセロラなどです。

そのほかのぶどうやりんご、なし、スイカなどは炭水化物（糖質）をとることができます。

※ビタミンCは、トマト、パプリカ、ブロッコリー、ピーマンなどにも含まれています。

❺牛乳・乳製品

牛乳とヨーグルト、チーズの3つが同じポジションです。骨や歯の材料となるカルシウム、マグネシウムなどのほか、たんぱく質、脂質も含まれています。

※牛乳・乳製品にアレルギーがある場合、小魚、色の濃い緑の葉野菜、大豆・大豆製品などを取り入れて、カルシウムの強化につなげましょう。

まとめ

ポジションを覚えれば、家でも外食でも栄養バランスばっちり！

日本人の食事摂取基準

成長期のスポーツジュニアにとって大切な栄養素として、エネルギー源の炭水化物（糖質）、体づくりのたんぱく質、骨の材料となるカルシウム、ビタミンD、血液の材料となる鉄などがあげられます。不足しないように心がけましょう。

ここで表示した数値は、厚生労働省が策定・検討したもの。これを目安にするとよいでしょう。

各栄養素の食事摂取基準

	たんぱく質		カルシウム		鉄			ビタミンD		ビタミンB_1		ビタミンC	
性別	男性	女性	男性	女性	男性	女性 月経なし	女性 月経あり	男性	女性	男性	女性	男性	女性
推奨量 ※ビタミンDは目安量	（g／日）		（mg／日）		（mg／日）			（μg／日）		（mg／日）		（mg／日）	
3～5歳	25	25	600	550	5.5	5.5	—	3.5	4.0	0.7	0.7	50	50
6～7歳	30	30	600	550	5.5	5.5	—	4.5	5.0	0.8	0.8	60	60
8～9歳	40	40	650	750	7.0	7.5	—	5.0	6.0	1.0	0.9	70	70
10～11歳	45	50	700	750	8.5	8.5	12.0	6.5	8.0	1.2	1.1	85	85
12～14歳	60	55	1000	800	10.0	8.5	12.0	8.0	9.5	1.4	1.3	100	100
15～17歳	65	55	800	650	10.0	7.0	10.5	9.0	8.5	1.5	1.2	100	100
18～29歳	65	50	800	650	7.5	6.5	10.5	8.5	8.5	1.4	1.1	100	100
30～49歳	65	50	750	650	7.5	6.5	10.5	8.5	8.5	1.4	1.1	100	100
50～64歳	65	50	750	650	7.5	6.5	11.0	8.5	8.5	1.3	1.1	100	100
65～74歳	60	50	750	650	7.5	6.0	—	8.5	8.5	1.3	1.1	100	100

※たんぱく質については、52ページの目標量、身体活動レベル別目標量などの詳しいデータも参考にしてください。

推定エネルギー必要量　（kcal/日）

性別	男性			女性		
身体活動レベル	Ⅰ	Ⅱ	Ⅲ	Ⅰ	Ⅱ	Ⅲ
3～5歳	―	1300	―	―	1250	―
6～7歳	1350	1550	1750	1250	1450	1650
8～9歳	1600	1850	2100	1500	1700	1900
10～11歳	1950	2250	2500	1850	2100	2350
12～14歳	2300	2600	2900	2150	2400	2700
15～17歳	2500	2800	3150	2050	2300	2550
18～29歳	2300	2650	3050	1700	2000	2300
30～49歳	2300	2700	3050	1750	2050	2350
50～64歳	2200	2600	2950	1650	1950	2250
65～74歳	2050	2400	2750	1550	1850	2100

身体活動レベル

身体活動レベル	低い（Ⅰ）	ふつう（Ⅱ）	高い（Ⅲ）
日常生活の内容	生活の大部分が座位で、静的な活動が中心の場合。	座位中心の仕事だが、職場内での移動や立位での作業。接客等、あるいは通勤。買い物での歩行、家事、軽いスポーツ等のいずれかを含む場合。	移動や立位の多い仕事への従事者、あるいは、スポーツ等余暇における活発な運動習慣を持っている場合。

出典：すべて［2020年版］厚生労働省「日本人の食事摂取基準」策定検討会報告書より抜粋

たんぱく質の食事摂取基準
（推定平均必要量、推奨量：g/日　目標量：摂取するエネルギーの％）

性別	男性			女性		
年齢	推定平均必要量	推奨量	目標量	推定平均必要量	推奨量	目標量
3～5歳	20	25	13～20	20	25	13～20
6～7歳	25	30	13～20	25	30	13～20
8～9歳	30	40	13～20	30	40	13～20
10～11歳	40	45	13～20	40	50	13～20
12～14歳	50	60	13～20	45	55	13～20
15～17歳	50	65	13～20	45	55	13～20
18～29歳	50	65	13～20	40	50	13～20
30～49歳	50	65	13～20	40	50	13～20
50～64歳	50	65	14～20	40	50	14～20
65～74歳	50	60	15～20	40	50	15～20

身体活動レベル別に見たたんぱく質の目標量
（g/日）

性別	男性			女性		
身体活動レベル	Ⅰ	Ⅱ	Ⅲ	Ⅰ	Ⅱ	Ⅲ
3～5歳	―	42～65	―	―	39～60	―
6～7歳	44～68	49～75	55～85	41～63	46～70	52～80
8～9歳	52～80	60～93	67～103	47～73	55～85	62～95
10～11歳	63～98	72～110	80～123	60～93	68～105	76～118
12～14歳	75～115	85～130	94～145	68～105	78～120	86～133
15～17歳	81～125	91～140	102～158	67～103	75～115	83～128
18～29歳	75～115	86～133	99～153	57～88	65～100	75～115
30～49歳	75～115	88～135	99～153	57～88	67～103	76～118
50～64歳	77～110	91～130	103～148	58～83	68～98	79～113
65～74歳	77～103	90～120	103～138	58～78	69～93	79～105

出典：ともに［2020年版］厚生労働省「日本人の食事摂取基準」策定検討報告会より抜粋

2章

応用編

食事の選び方、目的別の食べ方をマスターしよう

栄養について学んだら、
毎日の生活でそれを
どう生かしていくのかを
まとめました。
コンビニでおにぎりを
選ぶときにも
ポイントがあります。
目標や課題に合わせ、
考える力もつけましょう。

「朝ごはん」の基本

朝ごはんは大事な1食

「朝ごはんは食欲がないなら食べなくてもいい」、「1日2食のほうが健康にいい」など、朝ごはんについては、根拠はわかりませんが様々な情報があります。1日2食で調子がいいと感じる人もいますし、食事に正解はありません。では、スポーツジュニアのカラダを考えてみるとどうでしょう。

スポーツジュニアには、大人よりもエネルギー量やいくつかの栄養素が多く必要な時期があります。朝ごはんを食べないと、1日2食でその栄養素などを確保しなければいけません。大人と比べるとカラダも小さく、一度にたくさんの量を食べられなかったり、消化・吸収しきれないことが考えられます。そうすると、必要な栄養素などの量を確保できず、不足傾向が続きます。朝ごはんを含めて、3食＋補食（60ページ）で必要な栄養素をとることが望ましいですね。

朝ごはんが食べられない原因？

「朝ごはんが食べられない」問題を考えましょう。これは、どの年代でも聞かれる課題です。朝ごはんが食べられないという理由の1つには、前の日の過ごし方が影響している場合があります。

夕ごはん後、遅くまで起きていたか、夜遅くまでおやつを食べていたか、など前の日の生活を見直してみましょう。もし、練習が遅くなり、夕ごはんが寝る直前になってしまうなどの課題があれば、夕ごはんのとり方の見直し（58ページ）も含めて考えます。テレビやゲーム、SNSなどに夢中になってしまった場合は、できるだけ早めに寝るという生活習慣の見直しを。宿題やスポーツ以外の習い事がある場合も同様です。優先順位を考えて早く寝るタイミングを考えましょう。

朝ごはんの役割

1 1日の食事の絶対量を増やす

スポーツジュニアの1日に必要なエネルギー量や栄養素を偏りなく確保します。

2 血糖値と体温を上げる

睡眠中に下がった血糖値と体温を上げることで、カラダや脳の働きが活発になります。

3 脳とカラダのエネルギー源

寝ている間にもエネルギーを消費しています。授業や活動など、学校生活に必要なエネルギーを補給します。

4 1日のリズムを整える

朝ごはんは、1日の始まりをカラダに伝えるきっかけになり、消化器官も活発に働き、排便を促すことにもつながります。

工夫をしてカラダを起こそう

それ以外にも、単純に起きがけはカラダも起きていないために、食べる気分にならないときもあります。そんなときは、コップ1杯の水を飲む、ストレッチなどで少しカラダを動かす、朝ごはんづくりの手伝いをする、シャワーを浴びるなど、自分のカラダを起こす方法を編み出すのもいいですね。

保護者・指導者の方へ

朝、忙しい時間帯に朝ごはんを準備したのに食べない、食べてもダラダラと食べているのを見ると腹立たしい気持ちになることもあるでしょう。しかし、朝、光を浴び、朝ごはんを食べることは、子どもたちのカラダのリズムを整え、成長を促すことにつながっています。とても大変ですが、朝ごはんを食べる必要性や、どうしたら、何だったら食べられるかを、子どもたちと一緒に考える時間をとっていただくのもいいかもしれません。

「昼ごはん」の基本

給食はバランス食のお手本

スポーツジュニアの平日の昼ごはんは、給食かお弁当がほとんどだと思います。朝ごはんと違い、学校で食べることが多く、また休日には、スポーツチームの友達と食べることも多いのでは。家で食べるのとはまた違った環境なので楽しく、給食で食べるカレーは格別なものだったりします。

給食はバランスのとれた食事のお手本になります。学校給食では基本的にその年代の1日の⅓量の栄養素が確保できるよう、また、不足しがちなカルシウムについては½量が摂取できるように、献立が考えられています。給食がない長期休暇中は、カルシウムなどいくつかの栄養素が不足傾向になりやすいことがわかっていますので注意したいですね。

お弁当は基本の食事を目指します

お弁当の場合は、❶主食、❷おかず（主菜）、❸野菜（副菜）、❹果物、❺牛乳・乳製品をそろえるのが理想です。しかし、❹果物、❺牛乳・乳製品を持参することが難しいケースは多いと思います。持参可能な場合は果汁100%ジュースや飲むヨーグルトなどを活用しましょう。持参できない場合は、補食（60ページ）で補うように考えます。

お弁当箱の大きさも人それぞれです。お弁当箱を購入するときはお昼に自分のテンションが上がるお気に入りの物を購入することも1つですし、お弁当の容量（かさ）を目安にすることも選ぶ基準の1つになります。お弁当箱に水が1000㎖入る場合はそのお弁当は約1000kcal入ります。800㎖のお弁当箱の場合は約800kcalです。自分の食べられる量、必要量はどのくらいかを知り、お弁当箱選びにも生かせるといいですね。

保護者・指導者の方へ

暑い時期のお弁当の保存方法、保管場所の確保はとても難しいものです。子どもたちは黒いナイロンバッグに入れ、日向に堂々と置いているという恐ろしい光景を目にすることがあります。大人ができるだけ涼しい場所に置くなどの配慮をし、食中毒の予防をしていただきたいです。

お弁当は衛生面に注意して

また、お弁当の場合は衛生面（食中毒）にも気をつけます。ごはんの前の手洗いはもちろん、お弁当を置いておく環境にも気をつけて。特に夏場はクーラーバッグに入れ、涼しい場所に保管しましょう。

お弁当で基本の食事を

❶ 主食 … ごはん
❷ おかず … うま塩から揚げ、えびの揚げ焼き春巻き
❸ 野菜 … にんじんしりしり
❹ 果物 … オレンジ　❺ 乳製品 … ヨーグルトドリンク

「夕ごはん」の基本

1日の疲れをとるごはん

待ちに待った夕ごはん。好きなものを食べて、今日の1日の疲れをとりたいところです。基本の食事、❶主食、❷おかず（主菜）、❸野菜（副菜）、❹果物、❺牛乳・乳製品をそろえます。

夕ごはんは寝る2～3時間前にとるのが理想

スポーツジュニアの夕ごはんの時間は、練習の時間によって左右されることが多いです。練習の終わり時間が遅くなると、必然的に夕ごはんの時間も遅くなります。特に練習場から自宅までの距離が遠い場合、21時以降になることも。夜、遅くに食べると、睡眠の妨げになる、次の日の朝ごはんが食べられなくなる……などの影響が出る場合があります。一般的に寝る2～3時間前までに食べ終わることが望ましいといわれていますが、それを実現するには練習時間の変更が必要になり、なかなかハードルが高いですね。

遅くなるときは2回に分けて食べる

そんな夕ごはんが遅くなるスポーツジュニアは、2回に分けて食べることをおすすめしています。1回目の夕ごはんは、練習の直後、おにぎりや果物、ヨーグルトなど食べやすい形態のものを食べておきます。その後、帰宅したときに2回目の食事です。1回目の夕ごはんでとれなかったもの、例えば、おかずや野菜です。おかずの場合は、調理方法を工夫して、揚げ物（フライや天ぷら）ではなく、煮る、焼く、蒸すなどのシンプルなメニューにします。そうすることで、胃腸の負担を減らして就寝に向かうことができます。

　練習がなく、早めにごはんが食べられるときには、好きなものをリクエストしてリラックスした食事時間を過ごしましょう！

保護者・指導者の方へ

　子どもたちの発育・発達を考えると、遅い夕ごはんは課題の1つです。また、練習環境や練習時間を変えることはむずかしいと思います。可能な限り、練習後に1回目の夕ごはんが食べられる環境を整えていただければと思います。

夕ごはんが遅くなるとき

練習 → 1回目の夕ごはん → 移動 → 2回目の夕ごはん

練習後
1回目の夕ごはん
おにぎり、果実、ヨーグルトなど比較的とりやすいものを食べる

帰宅後
2回目の夕ごはん
煮る、焼く、蒸すなどの調理法のおかずと野菜類など、1回目でとれなかったものを食べる

「補食」の基本

補食は栄養を補うためのおやつ

補食（ほしょく）というのは、一般的に「間食」と呼ばれるものと同じです。食事と食事の間に食べる食べ物です。間食というとおやつ・お菓子を連想する人も多くいますよね。スポーツジュニアの「補食」は「3食でとりきれない栄養素を補う食事」というおやつ・お菓子とは少し違う位置付けで考えます。

タイミングが大事

補食のタイミングは様々です。朝ごはんと昼ごはんの間。練習の前後、夜食などなどちょっとした隙間の

練習前の補食（エネルギーになるもの）

バナナ

あんパン、ジャムパン

おにぎり
（梅、昆布、おかかなど）

エネルギーゼリー

果汁100%ジュース
（オレンジ、グレープフルーツ）

タイミングがあげられます。練習をほぼ毎日継続的に行っているスポーツジュニアには、練習前後の補食は欠かせないポイントです。

練習前はエネルギーになるものを

練習前の補食は主にエネルギー源となるものをとります。昼ごはんを食べてから、夕方の練習までの間に勉強など学校生活でエネルギー源は使われていきます。そのまま何も食べないで練習に参加すると、エネルギー源が少ないため、自分のカラダをエネルギー源にして練習を行ってしまいます。せっかく強くたくましく、うまくなるために練習をしているのに、自分のカラダを削ってしまってはその練習がとてももったいないことになります。それを防ぐためにも練習前に補食をとります。

おにぎりやあんパン、ジャムパン、サンドイッチ（マヨネーズなどが使われていないもの）、果物などでエネルギーを補給します。

練習後はリカバリー食を

また練習後に補食をとることで、58ページで説明した1回目の夕ごはんを取ることができます。

練習後の補食（リカバリーになるもの）

肉まん

サンドイッチ（照り焼きチキン、ハムチーズなど）

おにぎり（鶏五目、さけ、卵、チャーハンなど）

果汁100%ジュース
（オレンジ、グレープフルーツ）

飲むヨーグルト

プロテインゼリー、ドリンク

この補食はリカバリーの補食と考え、おにぎり、サンドイッチでもさけや納豆などの具（たんぱく質）が入ったもの、果物（果汁100％ジュース含む）、ヨーグルトなどが望ましく、これらを組み合わせてもいいです。

そのほかにも、昼ごはんで果物が食べられなかったなぁと自分で振り返ったときには、冷蔵庫から果物を取り出してみたり、コンビニでいつもの炭酸飲料はやめて果汁100％ジュースにするなどと考えて、補食をとる習慣を身につけていきましょう。

練習がない場合にも不足しがちな栄養素を補うため、果物や牛乳・乳製品を活用するように心がけます。

お菓子は考えて食べよう

おやつやお菓子、清涼飲料水が絶対にダメではありません。みんなで食べるおやつやお菓子は格別です。これらの嗜好品は炭水化物（糖質）と脂質の割合が高いものが多くあり、この2つの栄養素でお腹いっぱいになってしまうことがあります。特に食事時間に近いタイミングで食べたときは、その後の食事量が減ってしまい、スポーツジュニアにとって必要な栄養素などを確保できなくなる可能性が高くなります。食べるタイミングや量、頻度など、自分なりのルールをつくるようにしましょう！

保護者・指導者の方へ

子どもたちが取り出しやすいように、冷蔵庫の中に補食ストックを常備していただくと、自分自身で考えて行動していくことにつながります。

冷蔵庫に常備しておきたい食品

おかず＝ハム、納豆、豆腐、卵
牛乳・乳製品＝チーズ、ヨーグルト、牛乳
果物＝100％オレンジジュース　など

コンビニ&外食活用テクニック

選ぶときのポイントを押さえて

スポーツジュニアは1食1食の栄養素を充実させることがとても大切です。「おにぎりだけ」や「お弁当だけ」では、必要な栄養素が確保できません。ポイントは「いろいろ入っているものを選ぶ」ことと、「組み合わせる」ことです。

お弁当ならいろいろとおかずや野菜が入ったバラエティ豊かなもの、おにぎりも具が入ったものを選びます。

組み合わせるものを選ぶときは、選んだお弁当やメニューに何をプラスすれば「基本の食事」に近づくかを考えましょう。ゆで卵、サラダチキン、かにかまぼこなどは手軽におかずが補給できます。野菜も足りないなと思ったらカップサラダや野菜のおそうざいを組み合わせます。豚しゃぶサラダ、鶏ささ身サラダなど、おかずと野菜が同時に補給できるすぐれものもあります。

外食でも基本の食事は同じ

お弁当屋さんでは、幕の内弁当などできるだけ食材の種類が多いものを選びます。お弁当屋さんで果物や牛乳・乳製品をゲットするのはむずかしいので、コンビニやスーパーで購入します。外食では主食、おかず、野菜がそろっている定食ものは、多くの食材がとりやすくておすすめです。

コンビニ&外食活用テクニック

選ぶときのポイント

おにぎりを選ぶなら

練習前、補食のおにぎりは練習のエネルギー源となる炭水化物（糖質）を優先的にとります。その中でも消化のことを考えて、シンプルな塩おにぎりや梅、昆布、おかかなどを選びます。たんぱく質源となるツナや納豆などが具になっているもの、マヨネーズが使われているものは避けて選びます。

練習後には使ったエネルギー源をカラダに戻し、翌日のためにカラダを復活させていきます。たんぱく質を一緒にとり、回復を促します。そのため、おにぎりでもさけや鶏五目、ツナ、卵、納豆などのおかずとなる具材が入っているものを選びます。

サンドイッチを選ぶなら

おにぎりと比べると炭水化物（糖質）の量が少ない傾向ですが、パンも炭水化物（糖質）が主栄養素なため、サンドイッチも練習前の補食の候補になります。練習前は野菜サンドなどたんぱく質源の具が控えめで、脂質が少なめのものを選ぶようにします。

もう1品を選ぶなら

野菜が少ないとき

スティックサラダ

きのこのマリネ

お弁当や外食を活用するときに気にかけたいことは、必要な栄養が不足しないようにすることです。野菜が少ない場合は野菜を使ったサラダや和えものを選び、中でも色の濃い野菜が少ない場合はトマトやほうれん草などが入ったものを選んで。メインのおかずが少ない場合はたんぱく質が不足しますので、肉などが一緒になっているものを選んでみましょう。

お弁当を選ぶなら

幕の内弁当

幕の内弁当

いろいろなおかずが詰まったお弁当や、1つのメニューでも具だくさんのものを

たくさんのお弁当の中で「何を食べよう～」と選ぶのに悩むこともありますね。そんなときは、まず食材の種類が多いものを選ぶよう考えてみます。1食でいろいろな種類の栄養素をとることができるからです。丼ものもお弁当のときも同じです。上にのっている具にたくさんの食材が使われているものがおすすめ。食材が少ないお弁当だけど食べたいお弁当があるときは、おかずをもう1品組み合わせることを忘れないで。組み合わせ方を次のページ（66ページ）で紹介しますので参考にしてください。

中華丼弁当

野菜炒め弁当

さけ弁当

ボリュームたっぷりだけど、食材が少ないのでおかずをもう1品プラスしましょう

親子丼

牛丼

豚のしょうが焼き弁当

牛焼き肉弁当

おかずと野菜が足りないとき

おから

豚しゃぶサラダ

トマトサラダ

ほうれん草とベーコンのサラダ

白和え

豆腐とツナ、海藻のサラダ

鶏むね肉のサラダ

色の濃い野菜が少ないとき

ほうれん草のごま和え

コンビニやお弁当屋さんで

豚のしょうが焼き弁当

＋

豆腐とツナ、海藻のサラダ
納豆、果汁100%ジュース、ヨーグルト

単品のお弁当を選んだ場合には、野菜、果物、牛乳・乳製品が不足することが多くあります。サラダを追加する際には、海藻類をとることでミネラル分や食物繊維もプラスすることができます。また、たんぱく質の必要量が多い人は、肉以外に納豆や豆腐類を追加して。朝、昼、夕でできるだけ均等にとりたいたんぱく質を、追加することができます。

親子丼

＋

きのこと緑黄色野菜のごま和え、
スティックかにかま
カットフルーツ、飲むヨーグルト

お弁当と同様に丼ものでも野菜、果物、牛乳・乳製品を組み合わせる工夫をします。親子丼は卵と鶏肉なので、プラスするたんぱく質はそれ以外の食材が使われているものをチョイスします。豆腐スティックや魚肉ソーセージ、ちくわ、かまぼこなどでもOKです。おそうざいでは、色の濃い野菜や根菜類が使われているものを選ぶことで、食物繊維もとることができます。

温玉うどん

＋

鶏むね肉とブロッコリーのサラダ
フルーツヨーグルト、野菜ジュース

めん類は具がないシンプルなものしかない場合もあります。そのときにはたんぱく質をプラスするために、温玉や納豆をプラスするのがおすすめです。それだけでは、たんぱく質が不足するため、サラダの中でも、肉や魚介類、豆腐などが組み合わせてあるものを選びます。カットフルーツがない場合は、果物入りのヨーグルトや野菜ジュース、果汁100%ジュースを組み合わせてビタミン類の確保をします。

牛丼屋、ファミレスで

牛丼

＋

ミニサラダ、みそ汁（豚汁やわかめやあおさなどの海藻のもので）、温泉卵

牛丼のチェーン店も気軽に立ち寄れるごはんスポットの1つです。最近では定食などもメニューにありますね。牛丼単品の場合は、サイドメニューの組み合わせを考えます。温玉をトッピングすることでたんぱく質が確保でき、汁物は野菜や海藻など具が多く入っているものをチョイスします。サラダに加えて、たんぱく質やビタミン、ミネラルなどの栄養素のチョイ足しができます。

ミートソーススパゲッティ（粉チーズをふって）

＋

シーフードサラダ、ドリンクバー（果汁100%ジュース）

ファミリーレストランでは、様々なメニューが準備されています。手軽に食べられるパスタも組み合わせを考えて栄養を整えていきます。パスタソースは肉や魚介類が使われている種類を選ぶことでたんぱく質が確保できます。肉入りのスパゲッティを選んだ場合は、サラダに魚介類が使われているものを選ぶといろいろな食材からたんぱく質がとれます。粉チーズをトッピングすることで、牛乳・乳製品をプラスすることも可能となります。

保護者・指導者の方へ

忙しい生活の中、コンビニや外食は頼もしい味方です。ファストフードも手軽で安く食事ができ、子どもたちが喜ぶ人気の高い場所です。毎日、毎食食べていると栄養が偏りがちになってしまいますが、練習後たまに立ち寄り、楽しい時間を過ごすのも時にはいいのではないかと思います。

ファストフードで気をつけたいのは、含まれる脂質と塩分の量です。最近では、お得なセットでもスープや野菜、サラダなどが選べるようになっています。ドリンクも野菜ジュース、オレンジジュース、牛乳など練習の後に補給したいビタミンやミネラルがとりやすいものも選択できます。それぞれに合った選び方をマスターして、ファストフードも上手に活用したいですね。

試合に向けての食事

試合食は前日からスタートし試合後までと考えます

さぁ、日々の練習の成果を発揮するために待ちに待った試合です。試合に合わせた食事のポイントを押さえていきましょう。

通常の❶主食、❷おかず（主菜）、❸野菜（副菜）、❹果物、❺牛乳・乳製品を練習や成長に合わせて日々食べることは継続します。その上で、試合に合わせて、通常の食事から試合食に切り替えていきます。

試合食のポイントは炭水化物（糖質）を食事からたっぷりとり、エネルギー源をためることです。

また試合中や試合の間にも様々な環境を考えつつ、炭水化物（糖質）を補給しながら試合中にエネルギー源が不足しないようにすることが大切です。

試合後は使ったエネルギー源を戻していくこととカラダの組織を回復させることを主として考えます。

試合でより良いパフォーマンスができるように、試合に向けて食事の流れとポイントをより細かく見ていきましょう。

試合当日の朝ごはん例

はちみつをかけたフレンチトーストに、バナナとオレンジを添えて「主食」と「果物」が多めの食事に切り替えます。

試合前日の食事

試合食は試合前日から

試合前は、いつ、何を、どのくらいとるのかを整理していきましょう。

試合前日から試合食と考えます。自分が一番切り替えやすいタイミングで試合食にしていきます。試合前食は炭水化物（糖質）の割合をいつもより多く（70％以上）します。すなわち、主食（ごはん、パン、めん類、シリアル、いも類）と果物の割合を通常の食事よりも多くします。試合前に炭水化物（糖質）をとることでカラダのエネルギータンクである筋肉に、より多くのエネルギー源（グリコーゲン）をためることができます。

こまめに食べて エネルギー不足にならないように

スポーツジュニアは大人のアスリートと比べてまだカラダが小さく、ためられるエネルギー量も少ないので、試合前から試合当日を含めて、こまめにとることが大切です。

試合食として避けたいもの

試合前から試合当日に避けたいものもあります。カツや天ぷらなどの揚げ物、脂の多い肉（ひき肉を使ったハンバーグなど）、油が多いマヨネーズ、生クリームを使ったメニューです。また生もの、食べ慣れないものも胃腸の不調を避けるためにやめておきましょう。

不溶性食物繊維（水に溶けない食物繊維）の多いさやいんげんやごぼうなどの根菜類も、ガスがたまりやすくなることを考えて避けておきます。

試合前に避けたいおかず

揚げ物

・とんカツ
・から揚げ　など

根菜が多いもの

・筑前煮（炒り鶏）
・きんぴらごぼう　など

生のもの

・刺し身

※このほかに油（脂）が多い食品（ひき肉や生クリーム）、食べ慣れないものなども避けましょう。

試合当日の食事

試合前、3〜4時間前に食べ終えて

当日の朝も試合食と考え、炭水化物（糖質）が多い食事にしますが、いつ食べるかも大切なポイント。

消化時間を考えて、試合開始の3〜4時間前までに食べ終わるようにしておきます。朝11時に試合がスタートする場合は、何時ごろに朝ごはんを食べればよいでしょうか？　そうですね……朝の8時までに食べ終わっていることがベストです。胃に食べ物が残っていると消化するために血液が胃に集まります。運動をするときには、筋肉に血液がたくさん配分されることが望ましいので、できるだけ消化は終わらせておきたいです。

朝ごはんが食べられない場合は、移動中に食べられるように小さめのおにぎりや小さめのパン、バナナなど手軽に食べられるものを準備したり、エネルギーゼリーを活用したりします。

試合直前までエネルギー補給を忘れずに

朝ごはんの時間が決まると、前日の夕ごはんや就寝時間なども考える必要がでてきますので、試合前の過ごし方を考え、準備をしていきましょう。

朝ごはんが終わったら、その後会場へ移動し、会場に着いてからはウォーミングアップですね。水分を補給し、エネルギーゼリーやジェル、スポーツドリンクなどでエネルギー補給を試合直前まで続けていきます。

試合中・間の食事

炭水化物（糖質）の補給

1日に数試合ある場合は、試合と試合の間に炭水化物（糖質）が多く含まれるものを選びます。試合の間がどのくらい空くのかを確認、または予測をしておきます。

1時間ほど試合の間が空く場合は、小さめのおにぎりやサンドイッチ、カステラ、あんパンなどの脂質が少ない甘いパンや、バナナなどの果物をとります。エネルギーゼリーなどを組み合わせてもOK。

5分など間が短い場合や、レース中に補給をする競技、ハーフタイムなどがある競技は、エネルギーゼリーやジェルなどが活用しやすいです。固形物（かめるもの）を食べたい場合は、バナナやようかんなど脂質が少なく炭水化物（糖質）が多い食品を取り入れます。

自分がどのくらい食べると動きやすいかチェック

試合中・間は食べる量、何を食べるかは個人によってさまざま。自分が何をどのくらい食べると動きやすいかなどは、試合前食とともに練習試合などで試しておきます。

試合や大会によってはお弁当などが提供される場合も多くあります。チームでは「残さず食べる」ことを優先に考えることもあると思います。そのときはお弁当を残さず食べるようにしましょう。

試合後の食事

リカバリーの食事

試合後は力を出しきり、心身ともにヘトヘトですから、回復（リカバリー）のための食事を考えます。

使ったエネルギー源をカラダに戻す、筋肉の修復をする、免疫低下の予防をすることが、試合後の食事の主な目的となります。

試合直後、移動などで食事時間が2時間以上空いてしまう場合は、補食を準備します。また、試合終了の時間が遅く、夕食時間が寝る直前になってしまうときも同じように補食を準備しておきましょう。

補食はおにぎりでも、試合前や試合中とは異なり、さけや納豆など具が入っているもの、サンドイッチも鶏肉などがサンドしてあるもの、肉まんなど。あんパン＋牛乳、オレンジジュース＋ヨーグルトなどの組み合わせでも効率よく栄養補給ができます。

「基本の食事」をそろえる

試合日は炭水化物（糖質）が中心の食事が続くため、ほかの栄養素が不足がちです。そのため試合後の食事は、カラダの修復のためのたんぱく質と免疫低下の予防対策のビタミンを強化したいつものごはん「基本の食事」（46ページ）をそろえます。

食欲がないときは皿の数を減らし、見た目を食べやすくする工夫もいいですし、また自分が食べやすいものや食べたいものをリクエストするのもいいですね。

まとめ

試合に向けての食事

試合前日からスタートする、試合食のポイントを時間の流れにそってまとめました。
食事戦略の参考にしてください。

試合後 ＜…… 試合当日 ＜…… 試合前日

試合後

試合直後
（73ページ）

試合後は炭水化物（糖質）とたんぱく質を同時にとり、リカバリーにつなげます。

試合後の夕ごはん

「基本の食事」をそろえ、カラダの修復のためのたんぱく質と免疫低下の予防対策のビタミンをとります。食欲が落ちている場合は、自分が食べやすいもの、食べたいものをリクエストするといいでしょう。

試合当日

試合当日の食事
（71ページ）

試合の朝も主食（ごはん、パン、めん類、シリアル、いも類）と果物を増やします。できるだけ、試合の3 ～ 4時間前に済ませましょう。

試合会場でのエネルギー補給

次の試合まで1時間程度ある場合は、小さなおにぎりやカステラ、バナナなどの果物から。5分など間が短い場合やレース中に補給をする競技、またハーフタイムなどがある競技は、エネルギーゼリーやジェルなどから補給を考えます（72ページ）。

試合前日

前日からが試合食
（69ページ）

試合食は、炭水化物（糖質）の割合をいつもより多く（70%以上）したいので、主食（ごはん、パン、めん類、シリアル、いも類）と果物を増やします。おかず、野菜、牛乳・乳製品は少なめにします。油（脂）が多く使われている（含まれている）メニューや、生もの、食べ慣れないものなど避けたいおかずがあるので確認しておきましょう（70ページ）。

保護者・指導者の方へ

試合や合宿への差し入れについて

試合や合宿中に何を差入れしようかと頭を悩ますこともありますね。どんな差し入れがよいのか考えていきましょう。

ポイントは大きく3つ。

1 保存がきく物優先で衛生面に配慮

室内外問わず、温度や湿度が管理しにくく、衛生面で十分に配慮しにくい環境である場合、衛生面を一番に考えることが望ましいです。

一方、保管環境が十分に配慮できる場合はほかの2つのポイントを考えます。

2 小分けになっている

試合時間の関係で一度にたくさん食べられないこともあるため、個人で量が調整できるような形状のものがおすすめです。

3 状況別に活用できるもの

試合前などにはエネルギー源となる炭水化物（糖質）が多く含まれるもの、試合中には水分補給のもの、試合の後にはたんぱく質がとれるものなど、どんな場面の差し入れなのかを想定します。

これらのポイントを押さえた上で、具体的には、簡単につまめるカステラやパン（あんパンなど脂質が低いもの）、バナナ、エネルギーゼリー、果汁100%ジュース、スポーツドリンク、プロテインドリンクなどがあげられます。

夏場には凍らせた果物やゼリー（冷凍不可のものもあるので注意）、最近では、熱中症対策に活用されるシャーベット状のドリンク「アイススラリー」も喜ばれるのではないでしょうか。

ポイントを押さえた差し入れで、応援する気持ちとともにお届けすると、子どもたちにも伝わると思います！

カステラ

バナナ

果汁100%ジュース

プロテインドリンクやゼリー

種目別栄養のポイント

主に3つのタイプに分類

部活の競技、種目、ポジションによって、食事のとり方は違いますか？ という質問を、とても多く受けます。競技や種目、ポジションによって運動時間や練習内容、求められる体格などが似てくるため、ここでは競技を3つに分けて、競技の特徴をふまえつつ、栄養摂取のポイントをあげていきます。

大前提として、基本的なとり方は同じです（46ページ）。「基本の食事」に、ポイントとなる栄養素が含まれる食品を多く取り入れたり、低脂肪にするための食品を選んだりするようにします。

① 瞬発系タイプ

例えば…野球、ソフトボール、
陸上（短距離、投てき）、ウエイトリフティング、
パワーリフティングなど

② 持久系タイプ

例えば…陸上（長距離）、水泳（長距離）、
スケート（長距離）、自転車（ロードレース）、
スキー（クロスカントリー）、トライアスロンなど

③ 瞬発＋持久系タイプ

例えば…サッカー、バスケットボール、ゴルフ、
テニス、ラグビー、卓球、カヌーなど

その他

審美系競技
新体操、体操、スケート（フィギュア）など

階級制競技
柔道、レスリング、ボクシングなど計量が伴う競技

瞬発系タイプについて

一瞬で大きな力を出すことが求められる競技です。その力を出すための筋肉量、筋力が必要となります。成長過程で筋肉量が増え、トレーニングの種類も増えていくに伴って、筋力も増加していきます。そのため、筋肉の増加・維持していくたんぱく質を十分にとる(目標量の目安は52ページ・表下)ことが必要です。

たんぱく質は肉だけに偏らず、魚・卵・大豆製品・牛乳・乳製品からまんべんなくとるようにします。目安として、1食で2種類以上の食品と牛乳・乳製品を組み合わせます。さらにたんぱく質がアミノ酸に代わるときに必要なビタミンB_6も不足しないように心がけます。

筋量、筋力を増やしていく計画的なトレーニングを継続することが必要になるので、トレーニングのためのエネルギー源となる炭水化物(糖質)も必要不可欠。炭水化物(糖質)が不足していると、筋肉などのカラダのたんぱく質を分解してエネルギー源としてしまいます。せっかく筋肉を増やすためのトレーニングをしているのに、筋肉を減らすことにつながるので注意しましょう。

大事な栄養素

たんぱく質 多く含む食品 ➡ 25ページ
ビタミンB_6 多く含む食品 ➡ 31ページ
炭水化物(糖質) 多く含む食品 ➡ 23ページ

持久系タイプについて

長時間継続して運動を行うことが求められる競技。別の競技タイプでも、走り込みのトレーニングを実施するときは同様のことがいえます。長時間にわたって

パフォーマンスを維持し続けることが求められるため、十分なエネルギー源の確保が必要です。運動中の主なエネルギー源は炭水化物（糖質）と脂質で、脂質は主に体脂肪として蓄えられるエネルギー源です。

炭水化物（糖質）は重要なエネルギー源となるため、ごはん、パン、めん類などを十分に食べることが大切です。炭水化物（糖質）は太るからと極端に量を減らす、抜いてしまうなどをすると、練習や試合後半にスタミナ切れなどを起こし、パフォーマンス低下につながります。炭水化物（糖質）をエネルギーにするために必要なビタミンB_1の必要量も増えるため、不足しないように心がけます。そして、酸素を多く消費する特徴があるので、カラダの隅々まで酸素を運ぶ役割のヘモグロビンの材料になる鉄も欠かさないようにし、貧血予防を心がけます。

大事な栄養素

炭水化物（糖質） 多く含む食品 ➡ 23ページ
ビタミンB_1 多く含む食品 ➡ 31ページ
鉄 多く含む食品 ➡ 29ページ

瞬発＋持久系タイプについて

運動時間が長時間な上に、その中で素早い切り返しなどの動作が伴う競技です。また、相手との接触プレーが多いコンタクトスポーツもこのタイプに分けられる競技が多くあります。

そのため、全身持久力に加え、瞬発力など総合的な力が求められます。食事面では持久系タイプと瞬発系タイプの両方のポイントが必要となります。

コンタクトスポーツの場合、カラダづくりに必要なたんぱく質に加えて、骨折に伴うケガ予防のために、骨の主材料となるカルシウム、靭帯《じんたい》の材料となるコラーゲン生成に欠かせないビタミンCなども強化していきたい栄養素です。

大事な栄養素

炭水化物（糖質） 多く含む食品 ➡ 23ページ
ビタミンB_1 多く含む食品 ➡ 31ページ
鉄 多く含む食品 ➡ 29ページ
たんぱく質 多く含む食品 ➡ 25ページ
カルシウム 多く含む食品 ➡ 29ページ
ビタミンC 多く含む食品 ➡ 31ページ

保護者・指導者の方へ

審美系や階級制の競技について

審美系や階級制競技にはウエイトコントロールが必要になることが多く、体力だけでなく、適切な体組成を維持することが求められます。まだまだ厳しい減量をしいられることが多いと、スポーツの現場では耳にします。審美系の競技では1日に6回以上体重計に乗ることを求められる、体重が増えると練習に参加できない、階級制の競技ではサウナスーツを着てのランニングや試合前の断食、脱水、急速減量などです。

また、ほかの競技でも軽ければ有利という考えから、走り込みのトレーニングをしながらも炭水化物（糖質）を抜くようなこともあります。

これは成人の選手でなく、小・中学生の現場から聞こえてくる事例です。本当に子どもたちの心身の健全な成長において正しいことなのでしょうか。無理な減量による、貧血、無月経、摂食障害など様々な健康被害が生じます。また将来の骨量維持を考えただけでも、無理な減量により食事量を減らすことは得策ではありません（減量については83ページ）。保護者・指導者の方からの子どもたちへの影響力は思っている以上に大きなものです。子どもたちがスポーツを通じて生涯健康で過ごしていくためにも、健全な心身の成長のための健康管理サポートをすることが、私たち大人の最大の役割です。

専門家に
聞いてみよう

田邉 解先生
筑波大学体育系教授

種目別の分類について

みなさんはATP（エー・ティー・ピー）を知っていますか？　ATPはカラダを動かすエネルギー源で、正式には「アデノシン三リン酸」といいます。100m走でもマラソンでも、カラダを動かすのはATPなのです。カラダの中にあるATPはわずか100gといわれ、スポーツでカラダを動かすにはまったく足りません。人間がスポーツをするときには、様々な栄養素を使うことでたくさんのATPをつくり出しています。

ここではATPのつくり方の違いによる種目別分類の方法を紹介します。

ATP-CP（クレアチンリン酸）系（3～10秒の短い時間で大きな力を出す）

筋肉にあるATPを使うことでカラダを動かす方法です。一瞬でとても大きな力を出すことができますが、筋肉にあるATPはごくわずかなので力を出せる時間は3～10秒です。一度使われたATPはCPによって再生されることから、ATP-CP系という名前がついていて、使われたATPを戻すには約3分かかるとされています。

➡ATP-CP系でカラダを動かすのは「**瞬発系タイプ**」（77ページ参照）。

酸化系（10～90分以上続けて動く）

筋肉や血液の中にある脂肪や糖質を使って、ATPをつくり、カラダを動かす方法です。脂肪や糖質を使うには酸素が必要なため、有酸素系ともいわれます。ATP-CP系や解糖系に比べて出せる力は小さいですが、数時間という長い間、力を出し続けることができます。

➡酸化系でカラダを動かすのは「**持久系タイプ**」（78ページ参照）。

解糖系（一定の強さで約1分以上続けて動く）

筋肉や血液の中にある糖質を分解してATPをつくり、カラダを動かす方法です。ATP-CP系ほどではないものの、大きな力を出せます。力を出せる時間は約1分ですが、筋肉の中に蓄えている糖質が多いほどより長い時間、力を出せるといわれています。

➡「解糖系＋酸化系」のハイブリッドでカラダを動かすのは
「**瞬発＋持久系タイプ**」（79ページ参照）。

目的別食べ方

生活のサイクルを見直してみよう

スポーツジュニアの健康的なカラダづくりは、運動（トレーニング・練習）、休養（睡眠・休息）そして栄養（食事）の3つが基本です。どれか1つサボってしまうと、思ったようなカラダづくりが実現しにくくなります。

例えば、たくさん食べて寝るだけの生活を続けると太り気味に。練習量がとても多いのに、お菓子ばかり食べていたらケガにつながったり、健康状態が悪くなったりします。

なりたい自分が決まったら、食事もその目的に合わせて見直しつつ、練習量や休息日、睡眠時間など生活全体も一緒に考えられるといいですね。

「基本の食事」をそろえ その上で目的に合わせる

目的別といっても「基本の食事」（46ページ）をそろえることは全員同じ。基本となる食事をそろえた上で、目的に合わせた栄養素に意識を向けて、取り入れやすい食品を強化していきましょう。

5つの食品をそろえて バランスのよい食事を身につけて

❶ 主食 … ごはん
❷ おかず … 豚のしょうが焼き　豆腐ときのこのみそ汁
❸ 野菜 … ツナサラダ
（レタス、きゅうり、トマト、ブロッコリー、ツナ）
❹ 果物 … オレンジ　　❺ 乳製品 … ヨーグルト

目的別食べ方① 減量したい

ジュニアは無理な減量はNG

前提として、成長期に体重が増えるのは悪いことではありません。成長期に体重が増加することは、健全な成長を示しています。余分な体脂肪はため込む必要はありませんが、体重が増えること自体は成長過程において必要なことです。

階級制の競技や審美系の競技で体重のコントロールが必要になった場合、ポイントは2つ。1つ目は試合が近づき、急に体重を落とそうと無理な減量（食事を食べない、炭水化物（糖質）を極端に抜く、水分を抜く脱水など）をすることは絶対にNG。急激な減量はパフォーマンスの低下どころか健康を害することも。

低脂肪の食材を選び、間食に注意

2つ目は急激な減量を避けるためにも、日常から競技と自分に合った体重のコントロールをしておくことです。日常的にコントロールする場合には、成長のためのエネルギーやたんぱく質、ビタミンやミネラルなどは確保し、基本の食事をベースに必要以上のエネルギー摂取に気をつけます。具体的には、食材を低脂肪のもの、鶏むね肉や白身魚などにする、調理方法ではフライや天ぷらなどの揚げ物は避けます。また間食にも注意が必要です。たくさん砂糖が入っている甘いジュースを飲んだり、スナック菓子などを食べる習慣がある場合は見直していきましょう。

目的別食べ方❷ 体重を増やしたい

食べる量を増やす工夫が大事

小・中学生は、大人よりも多くのエネルギー量やいくつかの栄養素が多く必要な時期です。運動していない同学年の子どもたちと比べると1・5割ほど多くのエネルギーが必要になります。でも、まだカラダが小さく、消化や吸収の力も低く、一度にたくさん食べて体重を増やすというのがとても難しいので、悩ましい時期でもあります。

たくさんの食事を無理矢理食べることによって、内臓に負担がかかり、食欲が落ちる、食べるスピードがゆっくりで、満腹になってしまうなどの影響もあります。そこで、2つの方法で工夫しながら食事量を確保できるようにしていきます。

補食を上手に活用しよう

1つ目は補食(60ページ)をとることです。朝・昼・夕ごはんの3食に加えて、補食を取り入れて食べる量を増やします。

いつどんな補食を食べるかがポイントです。自身の生活を振り返ってみましょう。例えば、学校に行っていると、朝ごはんと給食(お弁当)の間で補食を食べるのは現実的に難しいですね。その場合、補食のチャンスは午後以降、昼ごはんから夕ごはんを食べるまでの間。練習が始まる前の時間が1つ目のタイミングです。

練習後から夕ごはんまでの間が空く場合も、補食のタイミングです。エネルギー源となる炭水化物（糖質）やビタミンCをおにぎりと果物から、カルシウムやたんぱく質を牛乳・乳製品などからとります。さらに毎日の自分の食生活の中で不足しがちな栄養素などを、補食に取り入れるように心がけましょう。

少しずつ食べる量を増やそう

2つ目は、毎日1口ずつごはんの量を増やしてみましょう。勢いで増やさないよう本当に1口ずつです。時間はかかるかもしれませんが、カラダの成長とともに食べられる量が増えていきます。

週末練習がとても長い、トレーニング量が多い、練習試合で1日活動をしていた場合などは、月曜日の朝、体重を確認してみます。もし、体重が減っている場合は、動いた量に対して食事量が足りていない可能性があります。その場合は、いつもより意識して食事量を多くする工夫を心がけます。

保護者・指導者の方へ

スポーツジュニアが食事量を確保するためには、補食のタイミングをいかにとれるかがポイントとなります。学校生活が個人によって異なるためタイミングを探すのが難しいのですが、練習前のエネルギー補給と練習後のリカバリーのための補食。この2つのタイミングを確保するだけでも、多くのエネルギー量や栄養素を補うことができます。補食をとれる環境づくりのサポートをお願いいたします。練習がない日も食事量を確保したいので、3食＋補食を欠かさないようにしましょう。

目的別食べ方❸
身長を伸ばしたい

カラダが持つ力を発揮できるように考える

「何を食べたら身長が伸びますか？」「このサプリメントを飲んだほうがいいですか？」など、身長にまつわる話は、ジュニアの講習会やサポートチームのみならず、スポーツをしていない子どもたちや保護者の方々からも多く受ける質問の1つです。

答えは、●●を飲んだから、食べたから身長が伸びるなどという魔法の食べ物はありません。多くの皆さんがちょっとがっかりするかもしれませんね。

身長は遺伝（親の特徴が子どもに受け継がれること）の要素も大きく影響します。「背が高くなりたい！」と目的をもった場合、もともと持っている自分の背を伸ばす力を最大限発揮できるようにしましょう。

エネルギーを十分に確保して伸びる力を発揮

まずは、基本の食事をそろえた状態で、エネルギーが十分にとれていることが大切です。日常生活のエネルギーと練習量に見合ったエネルギーを確保しておかなければ、成長のため（身長を伸ばすため）のエネルギーが後回しになってしまい、伸びる力を最大限に発揮できない可能性があります。エネルギーを確保した上で、骨をつくる栄養素を強化していくように心がけます。

骨をつくる栄養素を積極的に取り入れる

骨の主材料はカルシウム。カルシウムの吸収を促進する栄養素はビタミンDで、骨の成長をサポートします。ビタミンDは魚やきのこなどに含まれるとともに、太陽の光を浴びるとカラダの中で生成されます。ビタミンKはカルシウムを定着させ、骨の健康を維持します。そして、骨の土台となっているのはコラーゲン（たんぱく質）で、ビタミンCの助けによりカラダの中でつくられます。これらの栄養素を毎日の食事で積極的にとることで、骨の材料を強化することができます。

そして成長には、睡眠も影響していることを忘れないでください（17ページ）。

この食品を意識して取り入れて

カルシウムを多く含む食品

- 牛乳
- ヨーグルト
- しらす干し
- 桜えび
- 小松菜
- 木綿豆腐　など

ビタミンDを多く含む食品

- きくらげ（乾燥）
- まいたけ
- しらす干し
- さけ
- まいわし　など

ビタミンKを多く含む食品

- 鶏もも肉（皮）
- 油揚げ
- 納豆
- ひじき（乾燥）
- モロヘイヤ　など

たんぱく質を多く含む食品

- 牛肉
- 豚肉
- 鶏肉
- さけ
- さば
- たら
- 卵
- 豆腐
- 納豆

など

保護者・指導者の方へ

スポーツジュニアの身長に関する悩みは切実なものだと感じます。子ども自身よりも保護者や指導者の方々からの質問に熱意を強く感じます。身長が高いと有利だといわれる競技が多いので無理ないのかもしれません。しかし、身長の伸び、タイミング、最終的な身長は個人差がとても大きいものです。一般的には小学校高学年からが成長スパートが多く見られますが、高校に入学して急激に大きくなる人もいます。一生懸命スポーツに打ち込んでいればいるほど、子ども本人はチームメイトと比べてしまい、なりたい理想の自分を思い、身長差や体格にプレッシャーを受けている（気にしている）ように感じます。保護者・指導者の方は、誰かと比べることなく、練習と練習に見合った食事量、睡眠（休息）を確保できるサポートをしていただけると、のびのび育っていくのではないかと思います。

目的別食べ方④

風邪をひいたとき

無理せずにカラダを休めること

適度なスポーツは免疫が高まりますが、激しい運動をした後は免疫が低下していることがわかっています。免疫機能の低下を予防するために、とり入れたい栄養素はビタミンA、C、E、Dやある種類の乳酸菌などです。

激しい練習が続く中、学校行事やテストなど忙しい毎日を送っていると、知らない間に自分の免疫が下がっていることも。そんな中、どんなにうがい、手洗いを徹底していても風邪症状が出てくる場合があります。無理せずに、カラダを休めることを優先しましょう。症状が出た場合は早めに病院で受診しましょう。

胃腸に負担がかからないものから食べる

お医者さんから特に食事制限の指示がない場合、食欲に合わせて選んでいきます。食欲があり、普段通りに食べられる場合はいつも通りの食事でOK。ただし、体調は万全ではないので、胃腸に刺激があるもの(辛いものや脂っぽいもの)は避けるようにしたいです。

食欲がない場合は、無理に食べる必要はありません。脱水を予防するために水分補給は欠かさないようにします。体調が回復し、食欲が出てきたら、食べられるものを優先的に食べていきます。温かいスープや果物をすりおろしたもの、おかゆややわらかく煮たうどんなど、胃腸に負担がかかりにくいものがおすすめです。

目的別食べ方5 ケガをしたとき

ケガをしたときは最速で治す

スポーツをしているとケガ（障害・傷害）をする確率が高くなります。ケガが少なく、健康でいられる選手は頼もしいものです。ケガをしたときはできるだけ最速で治すよう、また元気にスポーツができるようにリハビリやトレーニングと同様に食事も考えていきましょう。

ポイントは2つです。①練習・トレーニング量が減るのでエネルギー源となる栄養素の脂質と炭水化物（糖質）は控える。②ケガの修復のための材料を強化することです。

エネルギー量に注意し、ケガに合わせて食事を考えて

ポイント①について。ケガをした場合、ほとんどの人が練習・トレーニング量が少なくなります。いつもと同じ量を食べていると摂取エネルギー量が多くなり、体脂肪の増加につながります。特にリハビリ期間が長くなる場合には要注意。間食（お菓子や清涼飲料水）を控え、食事の中で脂質を減らすように心がけます。それでも増えていく場合は、主食の量を減らします。

ポイント②については、骨のケガの場合は、たんぱく質、カルシウム、ビタミンD、ビタミンCを。筋肉や靭帯、関節のケガの場合は、たんぱく質、ビタミンCを強化しましょう。

専門家に
聞いてみよう

清水 和弘先生

独立行政法人 日本スポーツ振興センター
ハイパフォーマンススポーツセンター
国立スポーツ科学センター　スポーツ科学・研究部　先任研究員

風邪の予防について

アスリートは感染症にかかりやすく、オリンピックなどの重要な大会でも風邪や胃腸炎にかかってしまう人がいます。それは、高強度・長時間の持久性運動や航空機による長距離移動、慢性的な精神的ストレス、睡眠不足などの影響で免疫機能が低下しやすいことと練習や合宿、試合などで多くの人と接する機会（病原体が侵入する機会が多い）があるからです。

スポーツをしているジュニアのみなさんも3つの免疫低下のサインを覚えておきましょう。**①休養しても、いつも以上に疲れが残っている、②すぐに寝付けない、目覚めてもなかなか起きられない、③水分補給をしても口の渇きが続く。**このようなサインをいつも以上に感じたら免疫低下を疑い、下図の対策を行ってみましょう。風邪予防にはいろいろな方向から対処することが効果的です。

風邪予防のための対策（免疫コンディショニング）

トレーニングの調整
- 運度量を減らすと免疫機能は回復する➡**試合に向けたテーパリングでは免疫機能も回復**
- レジスタンス運動（筋トレ）は持久性運動よりも免疫機能を低下させにくい
- 運動時間が長いほど免疫機能の回復に時間がかかる➡**中強度・長時間の運動より、高強度・短時間の運動のほうが回復が早い**

病原体の侵入を防ぐ
- こまめな手洗い、うがい
- マスクで保温、保湿、飛沫を飛ばさない
- 目、鼻、口をさわらない（手についた病原体を粘膜につけない）
- 部屋の加湿（湿度60%を目指す）
- 用具やタオル、飲み物の共用を避ける
- 人混みを避ける

免疫機能のリカバリー
- マッサージ（心地よい刺激）、鍼《はり》治療
- 質のよい睡眠（7〜9時間）
- お風呂（心地よいと感じる温度）
- アロマテラピー
- 心地よさを感じ、リラックスできる方法➡**音楽や笑うことなど**

栄養学的なアプローチ
- バランスのよい食事を心がける➡基本の食事をそろえる（46ページ〜を参照）
- たんぱく質、ビタミンA、C、E、Dは不足しないように
- 乳酸菌➡**毎日摂取して1か月間続けると最大限の効果が得られる**

保護者・指導者の方へ

情報の集め方

SNSなどが発達し、スマートフォンやタブレットなどを活用して、世界中のあらゆる情報が簡単に手に入るようになりました。その分、本当のことなの？　どれが正しい情報なの？　と不安になったり、心配になったりすることもありますね。自分自身が情報を選択する力をつける必要性も高めていく時代になっています。

栄養・食事、スポーツ関連の情報が掲載されている信頼できる機関のホームページをご紹介します。迷ったときや、知りたいことがあったときに、まずここにアクセスしてみてください。

スポーツ医・科学の情報（女性アスリート関連情報含む）
ハイパフォーマンススポーツセンター（HPSC）
https://www.jpnsport.go.jp/hpsc/

スポーツの指導者・専門家を探す
日本スポーツ協会（JSPO）
https://www.japan-sports.or.jp/

ドーピングについて
日本アンチ・ドーピング機構（JADA）
https://www.playtruejapan.org/

栄養について
国立健康・栄養研究所
https://www.nibiohn.go.jp/eiken/

スポーツ栄養について
日本スポーツ栄養協会（SNDJ）
https://sndj-web.jp/

実践編

3章

理想の1週間献立

実際にどんなものを
食べればよいのか、
1週間の朝、夕ごはんの
献立を紹介します。
アスリートのごはんを
毎日つくっている専門家の方に、
ジュニア向けに
考えてもらいました。
ごはんづくりの参考に
してください。

スポーツジュニアの基本の食事を
アスリートの専属調理人が考えました

バランスのよいごはんづくりの参考になるように、管理栄養士のアドバイスをもとに菊地慶祐さんが1週間分の朝、夕の献立を考えてくれました。楽しく、おいしく、でもちゃんと栄養がとれる工夫がいっぱいです。

96ページから紹介する献立は、
12 ～ 14歳でスポーツ活動を週4日している男子が
食べるごはんとして考えました。

- ❶主食、❷おかず（主菜）、❸野菜（副菜）、❹果物、❺牛乳・乳製品をそろえる（46ページ）。
- 1日総エネルギー量は2900kcal。
- 主食はご飯200 ～ 250gがベース。
- たんぱく質は1日95 ～ 145gとれるように肉や魚、卵、大豆製品を組み合わせる。
- 野菜は1日緑黄色野菜150g、淡色野菜を250g、きのこ類を15g、海藻類を3gなどが目安。
- 果物はかんきつ類を中心に1日150g。
- 牛乳・乳製品はヨーグルト1食100gか牛乳200㎖。

▼

様々な食材を組み合わせ、
練習頻度や練習量、体重の増減や体調を見ながら
食事量を調整します。

ワンプレート盛りは
お店みたいで
気持ちアップ！

朝ごはん

夕ごはん

ハンバーグには、
なんとレバー入り！
鉄分いっぱい

＊1週間の献立の注意点。摂取量がわかりやすいように、指定以外は材料は1人分。実際につくる場合は、この分量を目安につくりやすい分量でつくってください。アルコール類を使ったものは煮立ててしっかりアルコール分を飛ばしてください。野菜は皮などを除いた正味の分量です。

菊地慶祐（きくち けいすけ）

料理人として東京のレストランで勤務した後、欧州の料理を学びたいと渡独。ドイツ・ケルンでサッカーの浅野拓磨選手と出会い、アスリートの専属料理人として活動を開始。現在は、野球の山本由伸選手の専属として食事を提供している。

プロアスリートのごはんを公開！

菊地慶祐さんが料理を担当している、プロ野球山本由伸選手のごはんを紹介します。山本選手のポジションはピッチャー。登板前夜（試合前）は、エネルギー源の炭水化物（糖質）をとるためにご飯、いも類、果物がたっぷり。考え方はプロの選手もジュニアも同じ。プロの選手はこんなにたくさん食べているんですね。今から食べられる習慣をつけることも大切です。

朝ごはん

管理栄養士からひと言

1日のたんぱく質量をできるだけ3食均等に分けられるように、朝ごはんも2種類以上のおかずを提供します。さばにはDHA、EPAが豊富で、これらを朝ごはんでとれるようにします。納豆は植物性のたんぱく質がとれ、オクラと梅干しなどと和えて飽きない工夫がされています。

＼メニュー／

❶まいたけご飯

❷さばのみそ煮　たいの刺し身
みそ汁（豆腐、ねぎ）

❸もずく酢　オクラ納豆
切り干し大根の和え物
ほうれん草のおひたし

❹、❺フルーツヨーグルト

昼ごはん

＼メニュー／

❶、❷トマトすき焼き丼
みそ汁（玉ねぎ）

❸かぼちゃサラダ　トマトのマリネ
切り干し大根の和え物

❹フルーツ
❺ヨーグルト

管理栄養士からひと言

練習後の食事になるお弁当。ごはんとおかずに加え、免疫の低下予防のために抗酸化ビタミンが豊富な緑黄色野菜を副菜だけでなくメインにも組み合わせています。衛生面を考え果物は別容器に詰め、外食では不足しがちな乳製品をプラスすることを忘れません。

普段の夕ごはん

＼メニュー／

❶ご飯（雑穀米）

❷グリルチキンプレート（きのこ、トマト添え）
鶏白湯スープ

❸もやしと豚のナムル　水菜、レタスのサラダ

❹、❺フルーツヨーグルト

管理栄養士からひと言

きのこにはビタミンDが豊富に含まれているため欠かせない添え食材です。鶏もも肉は皮を取ることで、余分な脂質をおさえることができます。アスリートは運動をしない人と比べると、たんぱく質が多く必要なため、脂質が増えないようにひと手間加えています。

登板前の夕ごはん

＼メニュー／

❶焼きおにぎり

❷豚しゃぶサラダ

❸じゃがいものうま煮

❹、❺フルーツヨーグルト

管理栄養士からひと言

登板前の準備は、エネルギー源の炭水化物（糖質）が全体の70%以上になるように考えます。ごはん、いも類、果物の量を増やし、おかず、野菜、乳製品の量はいつもより少なめです。食べやすいように、おにぎりや味つけごはんにするなどの工夫があります。

＊メニューの数字は、基本の食事での5つの食品の番号です（46 ～ 47ページ）。　撮影／菊地慶祐

量が食べられるように
なろう！

栄養データ

エネルギー	845kcal
たんぱく質	53g
脂質	18g
炭水化物	128g
カルシウム	375mg
鉄	3.4mg
ビタミンD	48.0μg
ビタミンB_1	0.50mg
ビタミンC	69mg

＼メニュー／

さけのちゃんちゃん焼き
里いもポテサラ
豆腐とわかめのみそ汁
ご飯
フルーツ（オレンジ）
牛乳（低脂肪）

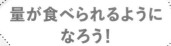

月 Monday 曜日

朝ごはんのつくり方

さけのちゃんちゃん焼き

朝ごはんの定番、さけを野菜と一緒にみそ炒めに。みそ味はコクがあって魚がおいしくなるよ！

材料（1人分）

生ざけ……1～2切れ（150g） キャベツ……20g にんじん……10g 玉ねぎ……10g ピーマン……10g しめじ……5g **A**【みそ……大さじ1 酒、みりん、砂糖……各小さじ1 水……大さじ⅔】
・小麦粉、油

つくり方

1 さけは1切れを3等分に切る。

2 キャベツは一口大に、にんじんは短冊切りにし、玉ねぎは縦1cm幅に切る。ピーマンはヘタと種を除き、2cm角に切る。しめじは根元を除いてほぐす。

3 **A**は合わせておく。

4 フライパンに油大さじ½を熱し、さけに小麦粉を薄くをまぶして並べ入れ、両面をこんがりと焼く。にんじん、玉ねぎ、ピーマンの順に加えて炒める。しんなりしたらキャベツ、しめじ、**3**を加えてひと混ぜし、ふたをして弱火で3分ほど蒸し焼きにする。

里いもポテサラ

じゃがいもではなく里いものポテサラ。福神漬けがアクセントに。

材料（1人分）

里いも……小2個 福神漬け……15g 玉ねぎ……15g きゅうり……5g **A**【マヨネーズ（カロリーハーフ）……小さじ½ 塩、こしょう……各少量】 好みのハーブ（あれば）……適量
・塩

つくり方

1 里いもは皮をむき、やわらかくなるまでゆでる（または水煮をさっとゆでたものでも）。

2 玉ねぎは縦薄切りにし、水にさらして水けをきる。きゅうりはせん切りにし、塩少量でもむ。しんなりとしたら水けを絞る。

3 里いもがやわらかくなったら水けをきってボウルに入れ、粗くつぶす。福神漬けを混ぜ、**2**、**A**を加えて和える。あれば好みのハーブをのせる。

ご飯

フルーツ（オレンジ）

牛乳（低脂肪）

豆腐とわかめのみそ汁

主菜がこってり味なので具材は豆腐で軽く。

材料（1人分）

絹ごし豆腐……10g カットわかめ（乾燥）……3g だし汁……カップ¾ みそ……大さじ½

つくり方

1 豆腐は1cm角に切る。わかめは水でもどす。

2 鍋にだし汁を温め、**1**を加えて煮る。豆腐が温まったらみそを溶き入れる。

夕ごはん 月 Monday 曜日

量が食べられるように
なろう！

栄養データ

エネルギー	858kcal
たんぱく質	43g
脂質	29g
炭水化物	114g
カルシウム	297mg
鉄	3.4mg
ビタミンD	2.3μg
ビタミンB_1	0.82mg
ビタミンC	66mg

＼メニュー／

豚肉と根菜の中華おこわ
ささ身とトマトの中華風和え物
焼きいもの黒ごま和え
かき玉汁
フルーツ（いちご）
ヨーグルト

月 Monday 曜日

夕ごはんのつくり方

豚肉と根菜の中華おこわ

具をたくさん混ぜて、炊飯器で炊きます。

材料（3人分）

米、もち米……各1½合　豚肩ロース肉（薄切り）……200g　干ししいたけ……3～4枚（20g）　にんじん……35g　ゆでたけのこ……40g　ごぼう……30g　しめじ……10g　長ねぎ……40g　油揚げ……15g　**A**【酒、みりん、しょうゆ、オイスターソース……各大さじ2　砂糖……小さじ2　おろししょうが……少量】

・油

つくり方

1. 干ししいたけは水でもどして薄切りにする。
2. 米は合わせて洗い、ざるに上げておく。
3. 豚肉は2㎝幅に切る。
4. にんじん、たけのこは細切り、ごぼうはささがきにする。しめじは根元を除いてほぐす。長ねぎは斜め5㎜幅に切る。油揚げは1㎝幅の短冊に切る。
5. フライパンに油大さじ½を熱し、豚肉を炒める。肉の色が変わったら1と4を加えて炒め、野菜に火が通ったら合わせたAを加えて煮る。具材と煮汁に分け、煮汁にしいたけのもどし汁と水を加えてカップ3にする。
6. 炊飯器に2を入れ、5の煮汁を加え、具材をのせて炊く。

ささ身とトマトの中華風和え物

ささ身は時間があればゆで汁の中で冷まして。しっとり仕上がります。

材料（1人分）

鶏ささ身……25g　もやし……50g　トマト……100g　青じそ……1枚　**A**【めんつゆ（ストレートタイプ）……大さじ½　砂糖、酢……各小さじ1　ごま油……少量】

つくり方

1. ささ身はゆでて、粗熱をとって細かくほぐす。
2. もやしはさっとゆでて、ざるに上げて冷ます。トマトは角切りにする。青じそはせん切りにする。
3. ボウルにAを入れ、1ともやし、トマトを加えて和え、最後に青じそも混ぜる。あれば青じそを敷いて器に盛る。

焼きいもの黒ごま和え

買ってきた焼きいもでごま和えをつくります。

材料（1人分）

焼きいも……50g　**A**【黒練りごま……小さじ1　クリームチーズ……⅓個（3g）　塩……少量】　白いりごま……少量

つくり方

1. 焼きいもは皮を除き、フォークで粗くつぶし、Aを加えて和える。
2. 器に盛り、白いりごまをふる。

フルーツ（いちご）

ヨーグルト

かき玉汁

シンプルにかき玉にし、卵のうまみを味わって。

材料（1人分）

卵……1個　**A**【水……カップ¾　鶏ガラスープの素……大さじ1　和風だしの素小さじ1】　水溶き片栗粉……適量　ごま油、粗びき黒こしょう……各少量

つくり方

1. ボウルに卵を溶きほぐす。
2. 鍋にAを入れて煮立て、水溶き片栗粉で軽くとろみをつける。1を流し入れてかき玉に仕上げる。器に盛り、ごま油をかけ、粗びき黒こしょうをふる。

朝ごはん　火 Tuesday 曜日

たんぱく質をとって
筋量アップ

栄養データ

エネルギー	909kcal
たんぱく質	50g
脂質	31g
炭水化物	119g
カルシウム	393mg
鉄	6.3mg
ビタミンD	6.5μg
ビタミンB_1	0.53mg
ビタミンC	59mg

＼メニュー／

明太子だし巻き卵焼き
青菜の白和え
ねぎとろ納豆
じゃがいもと玉ねぎのみそ汁
ご飯
フルーツ（パイナップル）
ヨーグルト

火 Tuesday 曜日

朝ごはんのつくり方

明太子だし巻き卵焼き

卵焼きは明太子で味つけ。
焼きのりで巻いて食べてもおいしい。

材料（1人分）

卵…2個　辛子明太子…15g　だし汁…大さじ2　味つき焼きのり（8つ切り）…5～6枚
・油

つくり方

1 卵は溶きほぐし、だし汁を混ぜる。

2 明太子は薄皮を除く。

3 卵焼き器に油大さじ½を入れてなじませ、卵液を数回に分けて焼く。最初の卵液を流して焼けたら明太子をのせて巻き、卵を端によせて空いたところに油少量を入れ、残りの卵液でだし巻き卵を焼く。

4 食べやすく切り分けて器に盛り、焼きのりを添える。

青菜の白和え

白あえはなめらかにつぶした豆腐で和えたもの。

材料（1人分）

木綿豆腐…40g　ほうれん草…25g　しめじ…5g　にんじん…7g　油揚げ…5g　**A**【めんつゆ（ストレートタイプ）…大さじ½　砂糖…小さじ1　塩…少量　白すりごま…大さじ½】

つくり方

1 豆腐はペーパータオルで包み、電子レンジに2～3分かけて水きりをする。

2 ほうれん草はゆでて水に取り、絞って5cm長さに切る。

3 しめじは根元を除いてほぐし、にんじんはせん切りに、油揚げは細切りにし、すべてさっとゆでる。

4 すり鉢またはボウルに1を入れてなめらかにつぶす。2、3、**A**を加えて和える。

じゃがいもと玉ねぎのみそ汁

じゃがいもに玉ねぎの甘みが合います

材料（1人分）

じゃがいも…10g　玉ねぎ…10g　だし汁…カップ¾　みそ…大さじ½

つくり方

1 じゃがいもは小さめの一口大に、玉ねぎは縦1cm幅に切る。

2 鍋にだし汁とじゃがいもを入れて煮る。じゃがいもがやわらかくなったら玉ねぎを加えて1～2分煮て、みそを溶き入れる。

ねぎとろ納豆

納豆に、長いものとろとろがからんでご飯が進みます。

材料（1人分）

納豆…1パック（40g）　まぐろ（ねぎとろ用）…25g　長いも…20g　焼きのり（細切り）…少量　しょうゆ…少量

つくり方

納豆に、まぐろ、すりおろした長いもを加えてよく混ぜ、器に盛って焼きのりを散らす。しょうゆをかけて食べる。

ご飯

フルーツ（パイナップル）

ヨーグルト

夕ごはん | 火 Tuesday 曜日

たんぱく質をとって
筋量アップ

栄養データ

エネルギー	990kcal
たんぱく質	55g
脂質	32g
炭水化物	132g
カルシウム	378mg
鉄	4.7mg
ビタミンD	0.8μg
ビタミンB_1	0.34mg
ビタミンC	58mg

＼メニュー／

牛肉ごぼう炒め

えびカクテル

大根サラダ

手羽先とキャベツのしょうがスープ

ご飯

フルーツ（キウイフルーツ）

牛乳（低脂肪）

火 Tuesday 曜日

夕ごはんのつくり方

牛肉ごぼう炒め

牛肉に根菜を合わせて、歯ごたえをプラス。
焼き肉のたれで簡単に。

材料（1人分）

牛肉（切り落とし）……80g　玉ねぎ……40g　にんじん……20g　ごぼう……15g　焼き肉のたれ（市販）、オイスターソース……各大さじ1　白いりごま……少量
・油

つくり方

1. 玉ねぎは縦1㎝幅に切り、にんじんはせん切り、ごぼうはささがきにする。
2. フライパンに油大さじ½を熱し、牛肉を炒める。肉の色が変わったらにんじん、ごぼう、玉ねぎの順に炒める。
3. 野菜に火が通ったら焼き肉のたれ、オイスターソースを加えて炒め合わせる。器に盛り、白いりごまをふる。

えびカクテル

えびにヨーグルトを加えて
コクをプラスしたサラダです。

材料（1人分）

むきえび……30g　きゅうり……5g
ホールコーン（缶詰）……小さじ1
A【プレーンヨーグルト……大さじ½　マヨネーズ（カロリーハーフ）……小さじ1　おろしにんにく……少量】　好みのハーブ（あれば）……適量　・塩

つくり方

1. えびは背ワタを除き、さっとゆでる。
2. きゅうりは縦¼等分にし、種の部分を除き、1㎝幅に切る。塩少量をふって軽くもみ、水けを絞る。
3. ボウルにAを合わせ、1、2、ホールコーンを加えて和える。器に盛り、好みのハーブを添える。

大根サラダ

ピーラーで薄切りにした大根を塩昆布と和えると、
しんなりしてたっぷり食べられます。

材料（1人分）

大根……50g　塩昆布（細切り）……5g　削り節……1パック（3g）
ごま油……小さじ1　焼きのり（細切り）……少量
・塩

つくり方

1. 大根は皮をむき、ピーラーでリボン状に切る。塩少量をふってもみ、しんなりしたら塩昆布を混ぜる。ごま油、削り節を加えてさっと和える。
2. 器に盛り、焼きのりを散らす。

手羽先とキャベツのしょうがスープ

骨付き鶏肉をコトコトと煮るとおいしいスープに。野菜は好みのものでOK。

材料（1人分）

鶏手羽先……70g　キャベツ……20g　水……カップ¾　A【おろししょうが……小さじ½　塩……小さじ½　酒……小さじ1】
粗びき黒こしょう……少量

つくり方

1. 手羽先は関節のところで切り離す。油を引かないフライパンに入れて弱火でじっくりと焼きつける。全体がきつね色になったら水を加えてふたをして30分以上煮る。途中水が少なくなったら適宜足す。
2. 手羽先の先の部分は除き、ちぎったキャベツ、Aを加え、キャベツがやわらかくなるまで煮る。
3. 器に盛り、粗びき黒こしょうをふる。

ご飯　　フルーツ（キウイフルーツ）　　牛乳（低脂肪）

朝ごはん　水曜日 Wednesday

ひと工夫して鉄分を
おいしくとる！

栄養データ

エネルギー	793kcal
たんぱく質	51g
脂質	22g
炭水化物	100g
カルシウム	342mg
鉄	4.5mg
ビタミンD	1.4μg
ビタミンB_1	0.65mg
ビタミンC	66mg

＼メニュー／

鶏南蛮そば

たらことじゃがいものサラダ

わかめサラダ

フルーツ（オレンジ）

ヨーグルト

水 Wednesday 曜日

朝ごはんのつくり方

鶏南蛮そば

ゆでたほうれん草をプラスした温かいそばで食べて、朝からエネルギーチャージ!

材料（1人分）

ゆでそば……1袋（220g）　鶏もも肉……120g　長ねぎ……30g　ほうれん草……30g　A【だし汁……カップ1½　しょうゆ、みりん……各大さじ1½　塩……少量】

つくり方

1. ほうれん草はゆでて水に取り、絞って5cm長さに切る。長ねぎは4cm長さに切る。
2. 鍋にAを入れてひと煮立ちさせる。
3. フライパンに鶏肉の皮目を下にして入れて弱火にかけ、じっくりと焼いて脂を出す。こんがりと焼けたら裏返して同様に焼く。途中で長ねぎも入れ、転がしながら焼き色をつける。
4. ゆでそばは熱湯でさっとゆでて温め、器に入れる。温かい2の汁をかけ、食べやすく切った鶏肉、長ねぎをのせ、ほうれん草も添える。

たらことじゃがいものサラダ

タラモサラダですが、オイルの代わりに牛乳を煮詰めてコクを出します。

材料（1人分）

じゃがいも……50g　たらこ……25g　レモン汁……大さじ½　塩……少量　牛乳（低脂肪）……75㎖　あおさ……少量　サニーレタス……適量

つくり方

1. じゃがいもはゆでて皮をむき、軽くつぶす。たらこは薄皮を除く。
2. 牛乳は⅓量になるまで煮詰める。
3. ボウルに1、2を入れ、塩とレモン汁を加えて和え、仕上げにあおさをふる。器にサニーレタスを敷いて盛る。

フルーツ（オレンジ）

ヨーグルト

わかめサラダ

レタスも混ぜて歯ごたえよく仕上げます。

材料（1人分）

カットわかめ（乾燥）……1g　ツナ（水煮・缶詰）……15g　レタス……7g　A【しょうゆ、酢……小さじ⅓　砂糖……少量】

つくり方

1. わかめは水でもどし、水けを絞る。レタスは食べやすい大きさにちぎる。
2. ボウルに1とツナを缶汁ごと入れ、Aを加えて和える。

夕ごはん　水曜日 Wednesday

ひと工夫して
鉄分をおいしくとる!

栄養データ

エネルギー	1137kcal
たんぱく質	57g
脂質	35g
炭水化物	163g
カルシウム	401mg
鉄	9.2mg
ビタミンD	2.4μg
ビタミンB_1	1.03mg
ビタミンC	101mg

＼メニュー／

レバー入りハンバーグ
なすとかぼちゃの田楽
グリーンサラダ
かき玉トマトスープ
ご飯
フルーツ（パイナップル）
牛乳（低脂肪）

水 Wednesday 曜日

夕ごはんのつくり方

レバー入りハンバーグ

レバーは細かくたたいてハンバーグに混ぜれば、
レバーがわからないくらいのおいしさ。

材料（1人分）
合いびき肉（赤身）……130g　豚レバー……15g　玉ねぎ……40g　にんじん……15g　溶き卵……15g
A【赤ワイン……大さじ1⅔　トマトケチャップ……大さじ1⅓　中濃ソース……大さじ1　砂糖……少量　しょうゆ……小さじ½】　つけ合わせ（右記参照）……適量
・塩、油

つくり方
1 玉ねぎとにんじんはみじん切りにする。フライパンに油少量を熱し、玉ねぎとにんじんをしんなりとするまで炒めて冷ます。
2 レバーは冷水につけて血を抜き、水けをふいて細かくたたく。
3 ボウルにひき肉、塩少量を入れてよく練り混ぜ、1、2、溶き卵を加えてさっくりと混ぜる。ハンバーグ形に整え、冷蔵庫で15分ほど休ませる。
4 小鍋にAを入れて煮立て、アルコール分を飛ばしてとろりとするまで煮詰める。
5 フライパンに油大さじ½を熱し、3を入れて両面をしっかりと焼く。器に盛り、4をかけてつけ合わせを添える。

つけ合わせ
じゃがいも30gは電子レンジでやわらかくして皮をむき、1㎝厚さに輪切りにする。ブロッコリー小房2個、しめじ少量とともにハンバーグを焼いたフライパンで焼き、ホールコーン5gを加える。

なすとかぼちゃの田楽

青じそ入りの田楽みそは、
焼いた野菜や豆腐、
こんにゃくなどにも合います。

材料（1人分）
なす……20g　かぼちゃ……10g
A【青じそ……6枚（5g）　みりん……小さじ1　みそ……大さじ1　砂糖……大さじ½】
・油

つくり方
1 なすは輪切りにし、水にさらす。かぼちゃは5㎜幅に切る。
2 Aの青じそは粗く刻み、みりんは電子レンジにかけてアルコール分を飛ばす。みそに青じそ、みりん、砂糖を加えて田楽みそをつくる。
3 フライパンに油大さじ½を熱し、1を入れて両面をこんがりと焼く。器に盛り、2をかける。

グリーンサラダ

生野菜だけではなく、
ゆで野菜も添えるのが
ポイントです。

材料（1人分）
小松菜……10g　サニーレタス……35g　玉ねぎ……5g　にんじん……10g　好みのドレッシング……適量

つくり方
1 小松菜はゆでて4㎝長さに切る。サニーレタスは食べやすくちぎる。にんじんはせん切りにする。玉ねぎは縦薄切りにし、水にさらして水けをきる。
2 器に1を盛り、好みのドレッシングをかけて食べる。

かき玉トマトスープ

トマトジュースにふわふわ卵
を加えて口当たりなめらかに!

材料（1人分）
トマトジュース（無塩）……150㎖　えのきたけ……15g　溶き卵……½個分　おろしにんにく……少量　鶏ガラスープの素……小さじ1　パセリのみじん切り……少量

つくり方
1 えのきたけは1㎝幅に切る。
2 鍋にトマトジュースを入れて煮立て、鶏ガラスープの素、おろしにんにくを加え、1も加えて煮る。
3 えのきたけに火が通ったら溶き卵を回し入れる。器に盛り、パセリをのせる。

ご飯　フルーツ（パイナップル）

牛乳（低脂肪）

朝ごはん｜木 Thursday 曜日

苦手な魚もおいしく
カルシウムアップ！

栄養データ

エネルギー	895kcal
たんぱく質	48g
脂質	30g
炭水化物	118g
カルシウム	301mg
鉄	3.5mg
ビタミンD	8.0μg
ビタミンB_1	0.77mg
ビタミンC	60mg

＼メニュー／

さばご飯

豚大根

切り干し大根の和え物

きのこの吸い物

フルーツ（キウイフルーツ）

ヨーグルト

木曜日 Thursday 朝ごはんのつくり方

さばご飯

塩さばをカリッと焼くとうまみがアップ。
青じその香りがいいね。

材料（1人分）
ご飯（温かいもの）……200g　塩さば……60g　青じそ……1枚　長ねぎ……10g　めんつゆ（ストレートタイプ）……大さじ1

つくり方
1. 青じそ、長ねぎは粗みじん切りにする。
2. 油を引かないフライパンに塩さばを入れ、中火で焼きながら崩す。めんつゆを加え、汁けがなくなるまでいる。
3. ごはんに1、2を加えて混ぜる。

豚大根

大根は下ゆでしてから煮ると
すっきりした味に仕上がります。

材料（1人分）
豚肩ロース肉（焼き肉用）……60g　大根……60g　絹さや……10g　A【めんつゆ（ストレートタイプ）……大さじ2　みりん……小さじ2　塩……少量】　水溶き片栗粉……適量　細ねぎの小口切り……少量
・油

つくり方
1. 豚肉は食べやすい大きさに切る。
2. 大根は厚めのいちょう切りにし、熱湯で下ゆでする。絹さやは筋を除く。
3. フライパンに油大さじ½を熱し、1を炒める。肉の色が変わったら大根を加え、ひたひたの水、Aを加えて煮る。大根がやわらかくなったら絹さやを加えてさっと煮て、水溶き片栗粉でとろみをつける。
4. 器に盛り、細ねぎを散らす。

切り干し大根の和え物

切り干し大根は甘くて、歯ごたえもよくて
和え物にぴったり。

材料（1人分）
切り干し大根（乾燥）……15g　きゅうり……20g　にんじん……7g　ツナ（水煮）……40g　A【塩昆布（細切り）……3g　レモン汁、鶏ガラスープの素……各小さじ½　こしょう……少量】　・塩

つくり方
1. 切り干し大根は水でもどす。
2. きゅうりとにんじんはせん切りにし、塩少量をふってもむ。
3. ボウルに1、2、ツナを入れて混ぜ、Aを加えて和える。

きのこの吸い物

味つきご飯にはさっぱりした
吸い物がおすすめ。

材料（1人分）
しいたけ……10g　しめじ……10g　えのきたけ……10g　花麩……3個　A【和風だしの素……大さじ½　酒……小さじ⅓　水……カップ¾】　三つ葉……少量

つくり方
1. しいたけは石づきを除いて薄切りにする。しめじは根元を除いてほぐす。えのきたけは根元を除いて長さを半分に切る。
2. 鍋にA、1を入れて火にかけ、ひと煮立ちしたら花麩を加え、さっと煮る。
3. 器に盛り、三つ葉の葉を散らす。

フルーツ（キウイフルーツ）

ヨーグルト

夕ごはん｜木 Thursday 曜日

苦手な魚もおいしく
カルシウムアップ！

栄養データ

エネルギー	820kcal
たんぱく質	51g
脂質	20g
炭水化物	120g
カルシウム	478mg
鉄	4.3mg
ビタミンD	32.7μg
ビタミンB_1	0.39mg
ビタミンC	64mg

＼メニュー／

いわしのソテー
よだれ鶏
しらすとわかめのサラダ
モロヘイヤと梅のスープ
ご飯
フルーツ（オレンジ）
ヨーグルト

木曜日 Thursday

夕ごはんのつくり方

いわしのソテー

ポン酢にゼラチンを混ぜた〝ポン酢ジュレ〟はたんぱく質もとれます。ほかに焼いた肉や魚にかけても。

材料（1人分）

いわし（手開きにしたもの）…小3尾（正味100g）　玉ねぎ、かにかまぼこ…各15g　ポン酢ジュレ(右記参照)…小さじ2　細ねぎの小口切り…少量
・油

つくり方

1 玉ねぎは縦薄切りにし、水にさらして水けをきる。かにかまぼこはほぐす。

2 フライパンに油大さじ½を熱し、いわしを皮目から焼く。こんがりと焼けたら裏返し、同様に焼いて器に盛り、1をのせ、ポン酢ジュレをかけて細ねぎを添える。

ポン酢ジュレ（作りやすい分量）
小鍋にポン酢しょうゆ250㎖を入れて温め、沸騰直前に粉ゼラチン1袋（5g）を加えて混ぜ、冷ましてとろみをつける。

よだれ鶏

鶏肉は熱湯に入れたら火を止めて冷めるまでおくと、しっとりやわらかに。

材料（1人分）

鶏むね肉（皮なし）…40g　きゅうり…20g　豆もやし…50g
A【しょうゆ、黒酢…各小さじ½　みそ…少量　砂糖…小さじ1　おろしにんにく、白いりごま、ラー油…各少量】

つくり方

1 鍋に湯を沸かして火を止め、鶏肉を加えてふたをし、冷めるまでおく。

2 きゅうりはせん切りにし、豆もやしはさっとゆでる。

3 鶏肉は薄くそぎ切りにする。器に2を敷き、鶏肉を盛り、混ぜた**A**をかける。

しらすとわかめのサラダ

めかぶも混ぜて口当たりよくまとめます。

材料（1人分）

しらす干し…10g　カットわかめ（乾燥）…1g　めかぶ…30g
めんつゆ（ストレートタイプ）…小さじ1　削り節…少量

つくり方

1 わかめは水でもどし、水けを絞る。

2 1、しらす干し、めかぶを合わせ、めんつゆを加えて和える。器に盛り、削り節をかける。

モロヘイヤと梅のスープ

モロヘイヤは栄養豊富な青菜。熱を通すとトロリとした口当たりに。

材料（1人分）

モロヘイヤ…50g　梅干し…1個　昆布茶…小さじ1　水…カップ¾

つくり方

1 モロヘイヤは葉を摘み、熱湯でさっとゆでる。梅干しは種を除いてたたく。

2 鍋に湯を沸かし、昆布茶を加えて溶き、1を加える。

ご飯　フルーツ（オレンジ）　ヨーグルト

朝ごはん　金 Friday 曜日

栄養データ

エネルギー	906kcal
たんぱく質	45g
脂質	32g
炭水化物	121g
カルシウム	378mg
鉄	4.2mg
ビタミンD	5.1μg
ビタミンB_1	0.75mg
ビタミンC	153mg

＼メニュー／

オムレツ　ハムソテー

ビーツのサラダ　ツナポテトサラダ

ミニサラダ

玉ねぎとかぶのポタージュ

小さめのパン（3個）

ヨーグルト

果汁100%ジュース

金 Friday 曜日

朝ごはんのつくり方

オムレツ

卵に塩を混ぜただけのシンプルなオムレツなので、ケチャップで味わって。野菜とパンにのせてもいいね。

材料（1人分）

卵……2個　塩……少量　トマトケチャップ……適量
・油

つくり方

1 ボウルに卵を入れて溶きほぐし、塩を混ぜる。

2 小さなフライパンに油大さじ½を熱して1を流し入れ、オムレツを焼く。器に盛り、トマトケチャップをかける。

ハムソテー

ハムを選ぶなら、あっさりしたもも肉のもので。

材料（1人分）

ボンレスハム（厚切り）……30g

つくり方

「オムレツ」を焼いた後のフライパンでハムの両面を焼く。

ミニサラダ

パプリカで彩りよく。

材料（1人分）

レタス……35g　パプリカ（赤・黄）……各10g　玉ねぎ……5g

つくり方

レタスは食べやすくちぎり、パプリカはせん切りに、玉ねぎは縦薄切りにし、水にさらして水けをきって合わせる。

※オムレツ、ボンレスハム、ビーツのサラダ、ツナポテトサラダ、ミニサラダはワンプレート盛りにし、パンにはさんだりして食べる。

小さめのパン（3個）

ヨーグルト

果汁100%ジュース

ビーツのサラダ

ビーツは栄養価が高く、注目の野菜。生でOK。

材料（1人分）

ビーツ（生）……30g　ホールコーン（缶詰）……5g　塩……少量　フレンチドレッシング……小さじ1

つくり方

1 ビーツは皮をむき、生のままスライサーでせん切りにする。塩をふってもむ。

2 1は軽く水けをきり、コーン、ドレッシングを加えて和える。

ツナポテトサラダ

ツナは油漬けではなく、水煮をセレクト。

材料（1人分）

ツナ（水煮）……大さじ½　じゃがいも……1個　玉ねぎ、にんじん……各5g　塩……少量　A【粒マスタード……小さじ½　マヨネーズ（カロリーハーフ）……小さじ1】

つくり方

1 じゃがいもは皮ごと蒸し、皮をむいて粗めにつぶす。

2 玉ねぎは縦薄切りにし、水にさらして水けをきる。にんじんはせん切りにして、塩をふってもみ、水けを絞る。

3 1にツナ、2、Aを加えて和える。

玉ねぎとかぶのポタージュ

クリーミーなポタージュにすると、野菜がたくさん食べられます。

材料（1人分）

玉ねぎ……¼個　かぶ……25g　牛乳（低脂肪）……カップ⅓　塩、オリーブ油……各少量　パセリのみじん切り……少量

つくり方

1 玉ねぎ、かぶは繊維を断ち切るように薄切りにする。

2 フライパンにオリーブ油、1、塩を入れて弱火にかけ、ふたをして蒸し煮にする。水分が出てきたらふたを外して軽く水分を飛ばし、牛乳を加えて煮詰める。粗熱をとってミキサーにかける。器に盛り、パセリをのせる。

夕ごはん　金曜日 Friday

野菜たっぷりで
体調を整える

栄養データ

エネルギー	1132cal
たんぱく質	57g
脂質	39g
炭水化物	157g
カルシウム	387mg
鉄	6.4mg
ビタミンD	0.4μg
ビタミンB_1	1.21mg
ビタミンC	134mg

\ メニュー /

タコライス
田舎風スープ
えびとアスパラのレモンソテー
フルーツ（いちご）
ヨーグルト

金 Friday 曜日

夕ごはんのつくり方

タコライス

スパイシーな肉みそには、レタスのせん切りで決まり。
玉ねぎ入りの生トマトがソースになります。

材料（1人分）

ご飯（温かいもの）……220g　合いびき肉（赤身）……140g　ピーマン……30g　レタス……70g　トマト……100g　玉ねぎ……25g　**A**【塩、こしょう……各少量　オリーブ油……小さじ½　おろしにんにく……少量】　**B**【トマトケチャップ……大さじ3　中濃ソース……小さじ2　マスタード……小さじ1】

つくり方

1. トマト、玉ねぎは粗みじん切りにし、**A**を混ぜる。
2. ピーマンはみじん切りにする。レタスはせん切りにする。
3. 油を引かないフライパンでひき肉を炒め、ポロポロになったらピーマン、**B**の順に加えて汁けがなくなるまで炒める。
4. 器にご飯を盛り、3とレタスをのせ、1ものせる。

田舎風スープ

いろいろな野菜と豆が入った塩味のスープ。
野菜からもうまみが出ます。

材料（1人分）

玉ねぎ、キャベツ……各15g　にんじん、なす……各10g　ボンレスハム……20g　にんにくのみじん切り……1かけ分　白いんげん豆（缶詰）……35g　白ワイン……小さじ1　洋風スープの素（顆粒）……小さじ⅓　塩、こしょう……各少量　パセリのみじん切り……少量
・オリーブ油

つくり方

1. 野菜とハムは角切りにする。
2. 鍋にオリーブ油大さじ½とにんにくを入れて炒め、香りが出たら1を炒める。野菜がしんなりしたら水カップ1とワインを加えて煮立てる。スープの素、いんげん豆を加えて煮る。最後に塩、こしょうで味を調える。器に盛り、パセリを散らす。

えびとアスパラのレモンソテー

レモンを使って酸味をプラスすると
食欲がないときにも食べやすい。

材料（1人分）

むきえび……20g　グリーンアスパラガス……2本（50g）　にんにくのみじん切り……少量　レモン（国産）……半月切り2枚　**A**【しょうゆ……小さじ½　砂糖……小さじ1　レモン汁……小さじ½】　粗びき黒こしょう……少量
・オリーブ油

つくり方

1. えびは背ワタを除く。アスパラは下⅓の皮をむき、長めの斜め切りにする。
2. フライパンにオリーブ油大さじ½、にんにくを入れて炒め、香りが出たらえびとレモン、アスパラの順に炒め、**A**で調味する。仕上げに粗びき黒こしょうをふる。

フルーツ（いちご）

ヨーグルト

朝ごはん 土 Saturday 曜日

ご飯が進むおかず
＋いもで
エネルギーチャージ

栄養データ

エネルギー	1071cal
たんぱく質	52g
脂質	27g
炭水化物	164g
カルシウム	408mg
鉄	5.9mg
ビタミンD	0.5μg
ビタミンB_1	0.59mg
ビタミンC	55mg

＼メニュー／

鶏肉と里いものどて煮

ゴロゴロ納豆

きのこサラダ

かぼちゃのカレー和え

オクラとなめこのみそ汁

ご飯　フルーツ（パイナップル）

牛乳（低脂肪）

土 Saturday 曜日

朝ごはんのつくり方

鶏肉と里いものどて煮

どて煮は、甘辛いみそ味の煮物。ごはんにぴったりの味。

材料（1人分）
鶏もも肉……½枚（120g） 里いも……40g こんにゃく……40g しょうが……½かけ A【みそ……30g 酒……大さじ2 砂糖……大さじ1½ みりん……大さじ1】 すり白ごま……少量

つくり方
1 里いもは皮をむいて一口大に切り、やわらかくゆでる（冷凍でも可）。こんにゃくも一口大に切って下ゆでする。しょうがはせん切りにする。

2 鶏肉は一口大に切る。フライパンに鶏肉の皮を下にして入れて焼きつける。1を加えてひと混ぜし、水約カップ½とAを加えて煮る。器に盛り、すりごまを散らす。

ゴロゴロ納豆

きゅうりの漬け物で味つけ！

材料（1人分）
納豆……1パック（40g） 長いも……10g きゅうりの漬け物……5g 青じそ……2枚

つくり方
1 皮をむいた長いも、きゅうりの漬け物は細かく刻む。青じそはせん切りにする。

2 納豆に1を加えて和える。

きのこサラダ

炒めたきのこをサニーレタスに合わせます。きのこはミックスして使うのが◎。

材料（1人分）
しめじ、えのきたけ、しいたけ……各10g トマト……15g サニーレタス……70g ホールコーン（缶詰）……5g めんつゆ（ストレートタイプ）……大さじ1½
・オリーブ油

つくり方
1 きのこは食べやすく切る。トマトは粗みじん切りにし、サニーレタスは食べやすくちぎる。

2 フライパンにオリーブ油を熱し、きのこを炒め、めんつゆで味を調える。

3 器にサニーレタスを敷き、2、トマトを盛り、コーンを散らす。

かぼちゃのカレー和え

甘いかぼちゃにはカレー粉を混ぜるのがポイントです。

材料（1人分）
かぼちゃ……40g 玉ねぎ……10g A【カレー粉……小さじ1 はちみつ、マヨネーズ（カロリーハーフ）……各小さじ1½ 塩……少量】

つくり方
1 玉ねぎは縦薄切りにし、水にさらして水けをきる。

2 かぼちゃは適当な大きさに切り、電子レンジで加熱してやわらかくする。なめらかにつぶし、1、Aを混ぜる。

オクラとなめこのみそ汁

オクラは火を通すととろみが出てトロ～ンとした口当たりに。

材料（1人分）
なめこ……10g オクラ……10g だし汁……カップ¾ みそ……大さじ½

つくり方
1 オクラはヘタを切り落とし、斜め薄切りにする。

2 鍋にだし汁を煮立て、オクラ、なめこをさっと煮て、みそを溶き入れる。

ご飯　フルーツ（パイナップル）　牛乳（低脂肪）

夕ごはん | 土 Saturday 曜日

試合前は
エネルギーを蓄えて

栄養データ

エネルギー	1006cal
たんぱく質	35g
脂質	19g
炭水化物	187g
カルシウム	406mg
鉄	5.7mg
ビタミンD	0.3μg
ビタミンB_1	0.79mg
ビタミンC	140mg

＼メニュー／

湯葉丼
ゆで豚ナムル添え
じゃがいものチヂミ風
白菜のみそ汁
果汁100%ジュース
ヨーグルト

土 Saturday 曜日

夕ごはんのつくり方

湯葉丼

湯葉は大豆からつくるもの。植物性たんぱく質の宝庫です。
生湯葉を使ってもOK。

材料（1人分）

ご飯（温かいもの）……300g　平湯葉……3枚（18g）　えのきたけ……30g　しめじ……15g　にんじん……10g　三つ葉……少量　だし汁……カップ⅔　A【めんつゆ（ストレートタイプ）……大さじ⅔　しょうゆ……小さじ⅔　みりん……大さじ½】　水溶き片栗粉……適量

つくり方

1 えのきたけは根元を除いて1㎝幅に、しめじは根元を除いて2㎝幅に、にんじんはせん切りにする。

2 鍋にだし汁、1を入れて煮立てる。Aを加え、一口大に折った湯葉を加えて煮る。湯葉が戻ったら水溶き片栗粉でとろみをつけてとじる。

3 器にご飯を盛り、2をかけて三つ葉の葉をのせる。

ゆで豚ナムル添え

豚肉は塊または厚切りをゆでて、必要分を切り分けて。

材料（1人分）

豚肩ロース肉（塊）……30g　もやし……30g　小松菜……40g　A【しょうゆ、ごま油……各小さじ½　鶏ガラスープの素……小さじ1　炒り白ごま……少量】　ごまドレッシング（市販）……大さじ1

つくり方

1 豚肉はゆでて火を通し、冷めたら薄切りにする。

2 もやし、小松菜はゆでて、小松菜は5㎝幅に切る。

3 2とAを混ぜて器に盛り、1をのせてドレッシングをかける。

白菜のみそ汁

淡泊な白菜に、あおさを加えて香りよく。

材料（1人分）

白菜……50g　あおさ……3g　だし汁……カップ⅔　みそ（赤みそ）……大さじ½

つくり方

1 白菜は一口大に切る。

2 鍋にだし汁を入れて煮立て、1を煮る。やわらかくなったらみそを溶き入れ、火を止めてあおさを加える。

果汁100%ジュース

ヨーグルト

じゃがいものチヂミ風

チヂミは韓国風のお好み焼き。せん切り野菜とえびに粉を混ぜ、油で焼きます。

材料（1人分）

じゃがいも……1個（100g）　にんじん……20g　にら……10g　むきえび……20g　塩……少量　小麦粉、片栗粉……各小さじ2　ポン酢しょうゆ……大さじ½
・油

つくり方

1 じゃがいもはせん切りにし、塩をふってもみ、汁けを強く絞る。にんじんはせん切り、にらは4㎝長さに切る。えびは背ワタを除き、半分に切る。

2 ボウルに1を合わせ、小麦粉、片栗粉をふって混ぜる。

3 フライパンに油小さじ1を熱し、2を入れて平らにならし、両面をこんがりと焼く。半分に切って器に盛り、ポン酢しょうゆを添え、かけて食べる。

試合直前も
エネルギーを蓄えて

栄養データ

エネルギー	871cal
たんぱく質	25g
脂質	9g
炭水化物	178g
カルシウム	98mg
鉄	2.5mg
ビタミンD	2.3μg
ビタミンB_1	0.27mg
ビタミンC	8mg

＼メニュー／
焼きおにぎり
かき玉、わかめうどん
フルーツ（バナナ）

日 Sunday 曜日

朝ごはんのつくり方

焼きおにぎり

香ばしく焼くと食べやすくなります。
みそは市販のねぎみそなどを活用しても。

材料（1人分）

ご飯（温かいもの）……80g　青じそ……1枚　**A**【みそ……大さじ1　みりん……小さじ1　砂糖……大さじ½】　削り節……少量
・ごま油

つくり方

1 青じそは細かく刻み、**A**と混ぜる。

2 ご飯でおにぎりをつくり、フライパンにごま油少量を熱し、両面を焼く。

3 あれば青じそを敷いて2を盛り、1をぬって削り節を散らす。

かき玉、わかめうどん

とろろ昆布で軽くとろみがついて、
のどごしがよくなります。

材料（1人分）

ゆでうどん……1玉（200g）　カットわかめ（乾燥）……1g　卵……1個　とろろ昆布……3g　**A**【だし汁……カップ1½　めんつゆ（ストレートタイプ）……大さじ2　みりん……大さじ1】

つくり方

1 わかめは水でもどし、水けを絞る。卵は溶きほぐす。

2 鍋に**A**を入れて煮立て、溶き卵を流し入れてかき玉にする。

3 うどんは熱湯でゆでて温め、器に入れる。2をかけ、わかめととろろ昆布をのせる。

フルーツ（バナナ）

夕ごはん　日 Sunday 曜日

試合後は好きなものを
たっぷり食べてリカバリー

栄養データ

エネルギー	1294cal
たんぱく質	58g
脂質	44g
炭水化物	178g
カルシウム	335mg
鉄	5.9mg
ビタミンD	0.4μg
ビタミンB_1	0.49mg
ビタミンC	134mg

＼メニュー／

ステーキピラフ
ブロッコリーとえびのオイスター炒め
キャロットラペ
ズッキーニ、じゃがも、トマトのマリネ
丸ごと玉ねぎのコンソメスープ
フルーツ（キウイフルーツ）
ヨーグルト

日曜日 Sunday 夕ごはんのつくり方

ステーキピラフ

にんにくの香りを移した油で牛肉を焼いて。
香りがよくて食欲を刺激。

材料（1人分）
ご飯（温かいもの）……200g　牛肩ロース肉（ステーキ用）……1枚（130g）　にんにくの薄切り……½かけ分　赤ワイン……大さじ2　A【しょうゆ……大さじ1　トマトケチャップ……小さじ2】　バター……3g　こしょう……少量　・油

つくり方
1 牛肉は2㎝角に切る。
2 フライパンに油大さじ½とにんにくを入れて炒め、香りが出たらにんにくは取り出す。1を加えて炒める。
3 肉に焼き色がついたら赤ワインを加え、煮立ててアルコール分を飛ばす。A、ご飯の順に加えて炒め合わせる。バターを混ぜて火を止め、こしょうをふる。
4 器に盛り、にんにくをのせる。

ブロッコリーとえびのオイスター炒め

ブロッコリーの甘みに
オイスターソースのコクがからみます。

材料（1人分）
むきえび……40g　ブロッコリー……40g　おろしにんにく……小さじ1　A【オイスターソース……大さじ2　砂糖、鶏ガラスープの素……各小さじ1】　・ごま油

つくり方
1 えびは背ワタを除く。ブロッコリーは小房に分けてさっとゆでる。
2 フライパンにごま油大さじ½を熱し、えびとにんにくを炒める。色が変わったらブロッコリーを炒め、Aを加えてからめる。

キャロットラペ

定番のにんじんサラダは
ナッツで香ばしく。

材料（1人分）
にんじん……½本（80g）　塩……少量　スライスアーモンド（無塩）……4g　A【はちみつ……30g　カレー粉……小さじ½　マスタード……小さじ1　塩……少量　オリーブ油……小さじ½】

つくり方
1 にんじんはスライサーでせん切りにし、塩をふってもみ、水けを絞る。
2 1にAを加えて和えて器に盛り、砕いたアーモンドを散らす。

丸ごと玉ねぎのコンソメスープ

玉ねぎが甘くて、食欲がないときでも食べられます。

材料（1人分）
玉ねぎ……小1個（150g）　あさり（砂抜き済み）……20g　じゃがいも……20g　洋風スープの素（顆粒）……大さじ½

つくり方
1 じゃがいもは1.5㎝角に切る。
2 鍋にあさりと水カップ⅔を入れて火にかけ、ふたをして煮る。あさりの口が開いたらあさりは取り出す。
3 2にスープの素、玉ねぎ、1を加え、玉ねぎがくたくたになるまで弱火で煮る。

ズッキーニとトマトのマリネ

ズッキーニは生でもおいしい。
チーズでうまみをプラス。

材料（1人分）
ズッキーニ……50g　塩……少量　トマト……40g　カッテージチーズ……5g　A【酢……小さじ1　レモン汁……小さじ½　塩、おろしにんにく、こしょう……各少量　オリーブ油……小さじ1½】　貝割れ菜……適量

つくり方
1 ズッキーニはスライサーでせん切りにし、塩をふってもみ、水けを絞る。トマトは角切りにする。
2 1にカッテージチーズ、Aを加えて和え、器に盛って貝割れ菜を散らす。

フルーツ（キウイフルーツ）

ヨーグルト

チェックシートをつけてみよう！

毎日の体調を、自分のカラダに聞いてみる

自分で自分の体調やカラダの状態を確認することをセルフチェックといいます。セルフチェックを続けると、お医者さんでもわからないみなさんの大切なカラダの情報となります。

126〜127ページのチェックシートを活用して、まずは3日間、食生活と体調をチェックしてみましょう。それから自分なりのやり方を考えてみるのもいいですね。スポーツノートをつけている人がいれば、一緒に体調や食事もチェックしたり、ノートに貼りつけたりしても。ちょっとめんどうだなって思う人は1つの項目だけでもいいので毎日、自分自身のカラダに向き合ってみましょう。

体重測定について

11ページの「アスリートのこだわり」で紹介したように、アスリートはコンディションを維持するために毎日決まった時間（朝起きて、お手洗いに行ってからすぐのタイミング）に体重を測る選手が多いようです。スポーツジュニアのみなさんも朝は体重計に乗ることを習慣づけたいですね。今は体重計とアプリが連動しているものもあります。体調管理に活用しましょう。

チェックシートの書き方

食生活チェック
朝、昼、夕の食事と間食、それぞれ食べたものに○をつけます。

体調チェック
その日の体調、睡眠時間はどうだったか、○、△、×をつけます。

		❶ 主食	❷ おかず（主菜）	❸ 野菜（副菜）	❹ 果物		❺ 牛乳・乳製品	❻ その他	体調 カラダの調子はどうだったかな？	睡眠 よく眠れたかな？寝起きはよかったかな？
1日目 ／ 体重 kg	朝									
	昼									
	間食									
	夕									
2日目 ／ 体重 kg	朝									
	昼									
	間食									
	夕									
3日目 ／ 体重 kg	朝									
	昼									
	間食									
	夕									
3日間の○の数の合計		個	個	個	個		個	個	個	個

体重を書き入れて。

お菓子など

❶ **主食** 炭水化物（糖質）

❷ **おかず**（主菜） たんぱく質、ミネラル、脂質

❸ **野菜**（副菜） ビタミン、ミネラル

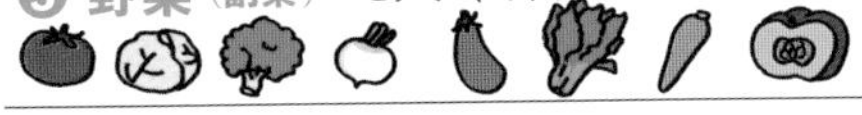

❹ **果物** ビタミン、炭水化物（糖質）

❺ **牛乳・乳製品** ミネラル、たんぱく質、脂質

○よい
△まあまあ
×よくない

○よく眠れた
△まあまあ
×あまり眠れなかった

次のページのチェックシートでやってみましょう。

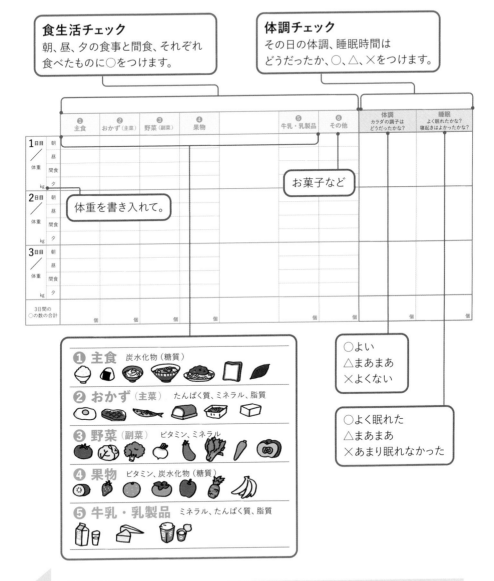

名前　　　　　　　　　　　　　身長　　　　cm

	❺ 牛乳・乳製品	❻ その他	体調 カラダの調子はどうだったかな？	睡眠 よく眠れたかな？寝起きはよかったかな？
	個	個	個	個

明日からできることを考えてみよう！

食事が整っていても
体調が△や×の場合は、
睡眠時間などほかの生活を
見直してみよう！

食生活と体調チェックシート

		❶ 主食	❷ おかず（主菜）	❸ 野菜（副菜）	❹ 果物
1日目 ／ 体重 kg	朝				
	昼				
	間食				
	夕				
2日目 ／ 体重 kg	朝				
	昼				
	間食				
	夕				
3日目 ／ 体重 kg	朝				
	昼				
	間食				
	夕				
3日間の○の数の合計		個	個	個	個

3日間の食事と体調を振り返って、どんなことに気がつきましたか？

柴田 麗（しばた・うらら）

管理栄養士、公認スポーツ栄養士。
筑波大学大学院修士課程修了後、食品会社に勤務し、サッカーやラグビー、自転車競技ほか、様々な競技のトップアスリートからジュニア選手の栄養サポート業務に携わる。退社後の現在は、アスリートの栄養サポート、セミナー講師、執筆活動のほかに専修大学スポーツ研究所客員研究員として活動している。

Staff

デザイン　釜内由紀江　清水桂（GRiD）
撮影　鈴木泰介
スタイリング　大畑純子
栄養計算　飯田芽生
イラスト　伊藤美樹
校閲　聚珍社
編集・構成　相沢ひろみ
企画・編集　小林弘美（Gakken）

取材協力

相澤勝治
（専修大学教授・専修大学スポーツ研究所所員）

清水和弘
（独立行政法人日本スポーツ振興センター　ハイパフォーマンススポーツセンター　国立スポーツ科学センター　スポーツ科学・研究部　先任研究員）

髙橋将記
（東京工業大学　リベラルアーツ研究教育院　准教授）

田邉 解
（筑波大学体育系教授）

中村真理子
（独立行政法人日本スポーツ振興センター　ハイパフォーマンススポーツセンター　国立スポーツ科学センター　スポーツ科学・研究部　先任研究員）

Special Thanks

山本由伸

参考文献

『アスリートのためのトータルコンディショニングガイドライン
ーハイパフォーマンス発揮のためのセルフコンディショニングー』
（日本スポーツ振興センターハイパフォーマンススポーツセンター）

『スポーツ栄養学　スポーツ現場を支える科学的データ・理論』
（大修館書店）

『小・中学生のスポーツ栄養ガイド　スポーツ食育プログラム』
（女子栄養大学出版部）

『スポーツ栄養学がわかる　パフォーマンス向上から健康維持まで』
（大修館書店）

『ジュニア選手のための夢をかなえるスポーツノート活用術』
（メイツ出版）

参考資料

厚生労働省　「日本人の食事摂取基準」（2020年版）
八訂 食品成分表 2023　女子栄養大学出版部

学んで、食べて、強くなろう！
ジュニアのためのスポーツ栄養

2024年 3 月26日　第 1 刷発行

著　者　柴田 麗
発行人　土屋 徹
編集人　滝口勝弘
発行所　株式会社Gakken
〒141-8416
東京都品川区西五反田2-11-8
印刷所　大日本印刷株式会社

※この本に関する各種お問い合わせ先
■本の内容については下記サイトのお問い合わせフォームよりお願いします。
https://www.corp-gakken.co.jp/contact/
■在庫については　TEL03-6431-1250（販売部）
■不良品（落丁、乱丁）については　TEL0570-000577
学研業務センター
〒354-0045 埼玉県入間郡三芳町上富279-1
■上記以外のお問い合わせは
TEL0570-056-710（学研グループ総合案内）